GR® 400

GR PAY

15€

CW01584463

Volcan du Cantal

Pays de Saint-Flour et Ruynes-en-Margeride

CONSEIL GENERAL DU CANTAL

FFRandonnée

www.ffrandonnee.fr

association reconnue d'utilité publique
64, rue du Dessous-des-Berges
75013 PARIS

Saint-Flour. *Photo J.-F. F.*

Sommaire

Les informations pratiques

Un bref aperçu du Pays de St-Flour et de Ruynes-en-Margeride

Les sentiers GR® de Pays de St-Flour et Ruynes-en-Margeride :

A la découverte de la région

Photo P. J.

Comment utiliser le topo-guide

Pour comprendre la carte IGN

Courbes de niveau
Altitude • 974

Les courbes de niveau
Chaque courbe est une ligne (figurée en orange) qui joint tous les points d'une même altitude. Plus les courbes sont serrées sur la carte, plus le terrain est pentu. A l'inverse, des courbes espacées indiquent une pente douce.

- Route
- Chemin
- Sentier
- Voie ferrée, gare
- Ligne à haute tension
- Cours d'eau
- Nappe d'eau permanente
- Source, fontaine
- Pont
- Eglise
- Chapelle, oratoire
- Calvaire
- Cimetière
- Château
- Fort
- Ruines
- Dolmen, menhir
- Point de vue

D'après la légende de la carte IGN au 1 : 50 000.

Les sentiers de Grande Randonnée® décrits dans ce topo-guide sont **tracés en rouge** sur la carte IGN au 1 : 50 000 **(1 cm = 500 m).**

La plupart du temps, **les cartes sont orientées Nord-Sud** (le Nord est en haut de la carte). Sinon, la direction du Nord est indiquée par une flèche rouge.

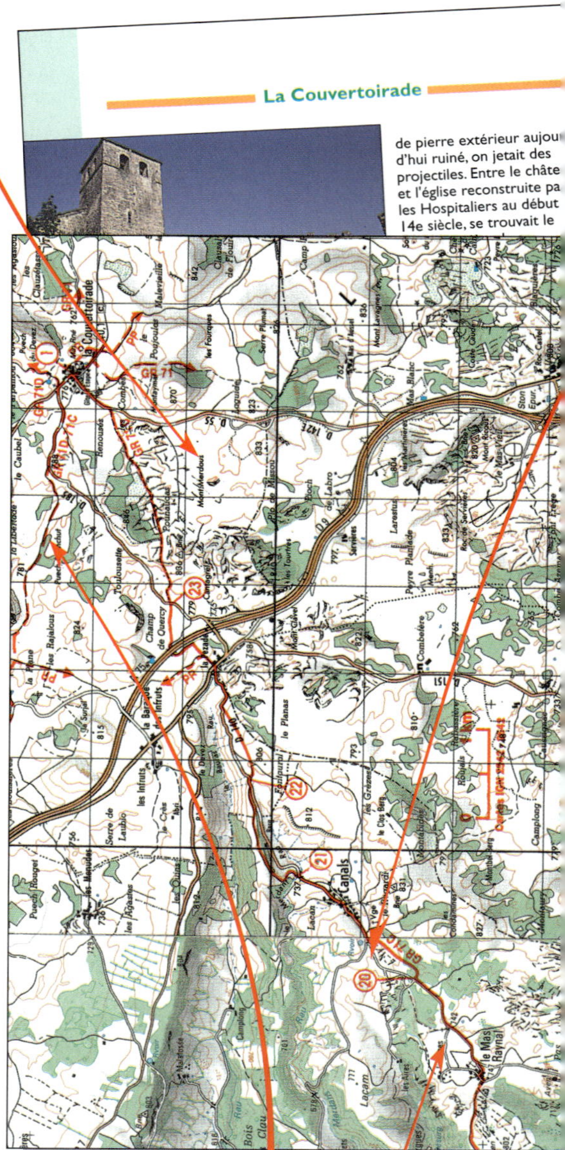

Autres sentiers de Grande Randonnée® dans la région.

Sentier décrit.

des Sentiers de Grande Randonnée® ?

Vous êtes ici

L'élevage ovin sur le larzac

Voici plus de quatre mille ans que l'homme commença d'élever des moutons, animaux parfaitement adaptés à ce milieu de pelouses sèches, d'herbe courte, d'absence d'eau courante. La présence des troupeaux a grandement marqué

L'élevage actuel

L'évolution s'est amorcée dans le dernier quart du 18e avec l'introduction des cultures fourragères. Les possédants étaient des hommes éclairés conscients des progrès à accomplir : produire une

Pour découvrir **la nature et le patrimoine** de la région.

Mas Raynal à Canals 3 km 45 mn

A 2 km du Mas Raynal, la Sorgues coule au fond d'un aven, profond de 106 m. Martel l'explora en 1889.

Au **Mas Raynal**, emprunter la D 140 en direction de La Pezade.

20 Au niveau de l'embranchement des Aires, prendre à droite sur 500 m un chemin parallèle à la route. Suivre celle-ci jusqu'à **Canals**.

Description précise du sentier de Grande Randonnée®.

Quelques infos touristiques

Canals à La Pezade 1 km 1 h

Vestiges de fortifications, église du 18e siècle.

De **Canals**, continuer sur la D 140 sur 500 m.

21 Après le pont sur un ruisseau, obliquer à gauche sur un chemin montant qui se poursuit sur la crête. Retrouver la route.

22 Après quelques mètres, obliquer à droite sur un chemin parallèle. Emprunter à nouveau la route pour arriver à **La Pezade**.

Hors GR pour **Les Infruts** : 1 km 15 mn

Aux Infruts :

Suivre la N 9 vers le Nord.

Le Hors GR est un itinéraire, généralement **non balisé**, qui permet de rejoindre un hébergement, un moyen de transport, un point de *ravitaillement. Il est indiqué en tirets sur la carte.*

Pour savoir **où manger, dormir, acheter des provisions, se déplacer en train ou en bus, etc.**

(voir le tableau et la liste des hébergements et commerces).

La Pezade à La Couvertoirade 4 km 1 h 15

À La Couvertoirade :

A l'entrée du hameau de **La Pezade**, traverser la N 9 et prendre en face un chemin creux en direction de l'autoroute. Continuer tout droit jusqu'à la clôture, suivre celle-ci sur la gauche. Emprunter le passage souterrain et rejoindre la D 185. La traverser

23 Obliquer sur un chemin bordé de murets et de haies de buis en direction de **La Couvertoirade**.

45

Couleur du **balisage**.

Le temps de marche pour aller de **La Pezade** à **La Couvertoirade** est de 1 heure et 15 minutes pour une distance de 4 km.

Informations pratiques

Quelques idées de randonnées

Les itinéraires décrits

Ce topo-guide décrit les sentiers suivants :
- le GR®400 Boucle de la Vallée de l'Alagnon, au départ de Murat (43 km)
- le GR®400 Boucle de la Vallée de la Cère, au départ de Super-Lioran (37 km)
- le GR®400 Boucle de la Vallée de la Jordanne, au départ de Mandailles (32 km)
- le GR®400 Boucle du Cirque du Falgoux (37 km)
- le GR®400 Boucle de la Vallée du Claux (22 km)
- le GRP® Boucle des Monts de la Margeride, à partir de Saint-Flour (110 km, 5 ou 6 jours)
- le GRP® Boucle des Gorges de la Truyère (102 km, 5 jours)
- le GRP® Boucle du Tour de la Planèze (87 km, 4 jours) et sa variante (23 km)

- douze sentiers de promenade et randonnée permettant d'allonger ou de raccourcir la distance entre deux étapes.

Quelques suggestions

Nous avons sélectionné pour vous quelques circuits :

Deux jours

La vallée du Claux (GR®400)
1er jour : du Claux au Buron d'Eylac, 4 h 50
2e jour : du Buron d'Eylac au Claux, 2 h 10
Voir p.59.

La vallée de la Cère (GR®400)
1er jour : de Super-Lioran à Thiézac, 6 h 15
2e jour : de Thiézac à Super-Lioran, 8 h
Voir pp.37-41

Les gorges de la Truyère (GRP®)
1er jour : de Garabit à Prat-Long par Loubaresse, 3 h 35
2e jour : de Prat-Long à Garabit par Combechalde, 2 h 55
Voir pp. 95,97,101

Les gorges du Bès (GRP®)
1er jour : Fridefont - Albaret-le-Comtal par Saint-Juéry, 6 h 20
2e jour : Albaret-le-Comtal - Fridefont par le pont de Mallet, 4 h 15
Voir pp. 89,91 et 95

Trois jours

La vallée de l'Alagnon (GR®400)
1er jour : Murat - Super-Lioran, 6 h 25
2e jour : Super-Lioran - Prat-de-Bouc, 3 h 20
3e jour : Prat-de-Bouc- Murat, 4 h 30
Voir pp. 27-33

Les gorges de la Truyère (GRP®)
1er jour : de Saint-Flour à Fridefont, 6 h 05
2e jour : de Fridefont à Garabit par le pont de Mallet, 4 h 30
3e jour : de Garabit à Saint-Flour par Combechalde, 4 h 30
Voir pp. 85, 89,95, 97 et 101.

Le Cœur de la Planèze (GRP®)
1er jour : de Saint-Flour au château d'Alleuze, 3 h 30
2e jour : d'Alleuze à Neuvéglise, 5 h 30
3e jour : de Neuvéglise à Paulhac, 4 h 20
4e jour : de Paulhac à Saint-Flour par variante Sud, 5 h 45
Voir pp. 103, 107, 109, et 115

Tour du Volcan Cantalien (GR®400)
1er jour : de Murat à Super-Lioran, 6 h 25
2e jour : de Super-Lioran au Claux, 6 h 10
3e jour : du Claux au Falgoux, 4 h 40
4e jour : du Falgoux au Fau, 6 h 45
5e jour : du Fau à Mandailles, 5 h 45
6e jour : de Mandailles à Thiézac, 4 h 35
7e jour : de Thiézac à Prat-de-Bouc, 6 h 20
8e jour : de Prat-de-Bouc à Murat, 4 h 30
Voir pp. 27,31,37,45,47,55,51,53,59

SUIVEZ LE BALISAGE POUR RESTER SUR LE BON CHEMIN.

Sentier de Grande randonnée, GR, GR Pays, PR, «... à pied», « les environs de .... à pied » sont des marques déposées ainsi que les marques de couleur blanc/rouge et jaune/rouge.

Avant de partir…

Période conseillée, météo

- Compte tenu de l'altitude, le GR®400 est praticable de mai-juin à novembre, en année normale.
Les meilleures époques sont : le mois de juin pour la floraison en altitude et la période mi-septembre à mi-novembre pour les teintes d'automne et les belles journées lumineuses et ensoleillées.

- Le GRP® de Saint-Flour et de Ruynes-en-Margeride peut être parcouru en toutes saisons, sauf en cas de neige dans le secteur des monts de la Margeride.

- Météo Cantal, tél. 08 92 68 02 15 ou 3250

Difficultés, recommandations

- Le GR®400 est un itinéraire de moyenne montagne, évoluant entre 800 m et 1855 m d'altitude. Le tracé retenu ne présente de difficultés qu'en ce qui concerne les très nombreuses dénivelées et les fortes pentes. Il est à la portée de tout bon randonneur habitué à la marche en terrain montagneux et au port du sac à dos. Passage un peu délicat à la Brèche de Rolland.

Le GR®400 traverse une zone volcanique particulièrement sensible.
Les propriétés privées doivent être respectées et notamment les prairies de fauche ; l'itinéraire franchit parfois des parcelles clôturées : bien refermer les barrières.

- Le GRP® de Saint-Flour et de Ruynes-en-Margeride, ne présente pas de difficulté particulière.

Les temps de marche

Les temps de marche indiqués dans le topo-guide sont indicatifs.
Ils sont calculés sur une marche effective continue d'un randonneur moyen sur la base de 4 km à l'heure.
Il n'est pas tenu compte des pauses et des arrêts.

Modifications d'itinéraires

Le parcours correspond à la description qui est faite dans le topo-guide. Toutefois, dans le cas de modifications d'itinéraire, il faut suivre le nouveau balisage qui ne correspond plus alors à la description. Ces modifications sont disponibles auprès du Centre d'information de la Fédération française de la randonnée pédestre *(voir adresses utiles)*.

Les renseignements fournis dans le topo-guide, ainsi que les jalonnements et balisages, n'ont qu'une valeur indicative, destinée à permettre au randonneur de trouver plus aisément son chemin. La responsabilité de la Fédération ne saurait donc être engagée.

Assurances

Le randonneur parcourt l'itinéraire décrit, qui utilise le plus souvent des voies publiques, à ses risques et périls. Il reste seul responsable, non seulement des accidents dont il pourrait être victime, mais des dommages qu'il pourrait causer à autrui tels que feux de forêts, pollutions, dégradations,...

Quelques courts tronçons empruntent des voies privées : le passage n'a été autorisé par le propriétaire que pour la randonnée pédestre exclusivement.

De ce qui précède, il résulte que le randonneur a intérêt à être bien assuré. La Fédération et ses associations délivrent une licence incluant une telle assurance.

Se rendre et se déplacer dans la région

SNCF

- Gares d'Aurillac et de Saint-Flour. Renseignements 36 35.
- De Saint-Flour à Ruynes-en-Margeride ou Loubaresse, il existe le Taxi-T.E.R. SNCF au départ de la gare de Saint-Flour, renseignement au : 04 71 60 03 37.

Cars

- Ligne Le Claux - Riom-ès-Montagnes : transports Boyer, tél. 04 71 78 93 22
- Ligne Mandailles – Aurillac : transports Magne, tél. 04 71 48 22 82
- Ligne Aurillac - Saint-Flour (vallée de la Cère): STAC, tél. 04 71 48 48 33
- Ligne Saint Flour - Ruynes en Margeride : transports Seyt, tél. 04 71 60 01 75

Aéroport le plus proche

Aéroport d'Aurillac Tronquières : 04 71 63 56 98.
Aérodrome de Saint-Flour - Coltines : 04 71 60 94 95

Se loger

On peut se loger chaque soir sur l'itinéraire ou à proximité immédiate. Les formules d'hébergement sont diverses et variées (gîtes d'étape, refuges, hôtels, chambres d'hôtes ou chez l'habitant, campings, etc.). Pour les gîtes d'étape et refuges, renseignez-vous auprès du logeur pour savoir s'il faut emporter son sac ou son drap de couchage. La réservation est vivement recommandée (des arrhes pourront vous être demandées). La liste présentée se veut exhaustive, sans jugement sur la qualité de l'accueil et le confort. Certains de ces établissements possèdent un label.

Rando Accueil

Les établissements Rando Accueil (*Rando Plume*, *Rand'Hôtel*, *Rando Gîte* et *Rando Toile*) sont sélectionnés pour leur convivialité et leur environnement de qualité ; en outre, ils proposent des conseils personnalisés pour découvrir les itinéraires de randonnée alentour. Internet : www.rando-accueil.com

Se restaurer

Un bon petit-déjeuner pour commencer la journée, un bon dîner le soir à l'étape : c'est cela aussi la randonnée. Là encore, les formules sont variées (repas au gîte, à l'hôtel, tables d'hôtes, restaurants, fermes-auberges, etc.). Dans certains gîtes d'étape, on peut préparer soit même son dîner et petit déjeuner, renseignez-vous auprès des propriétaires. Un forfait demi-pension est souvent proposé (nuit, dîner, petit déjeuner).

Liste des hébergements

Pour faciliter la lecture, les hébergements sont cités dans le sens du parcours.

Boucle Vallée de l'Alagnon

• Murat (15300)
Contacter l'Office du tourisme, tél. 04 71 20 09 47.

• Super-Lioran (15300 Le Lioran)
- Gîte de groupe la FAL, 140 lits, uniquement sur réservation, tél. 04 71 49 50 51, e-mail : responsable@galinottes.net.
- Gîte du Bufadou, 12 route du Rocher du Cerf, 28 places (6 chambres), Label « Rando Accueil », tél. 04 71 49 55 76, e-mail : lebufadou@ free.fr.

• Prat-de-Bouc (15300 Albepierre-Bredons)
Gîte d'étape, 32 places, ouvert toute l'année, restauration, transport de sacs, tél. 04 71 20 20 92.

Boucle de la Vallée de la Cère

• Font-de-Cère (Super-Lioran, 15800 Saint-Jacques-des-Blats)
Village de vacances VAL, ouvert du 15 mai au 15 septembre, tél. 04 71 49 50 55.

• Super-Lioran (15300 Le Lioran)
Gîte Le Buron de Font-de-Cère, 30 places, fermé du 15 avril au 15 juin (sauf week-end mai), tél. 04 71 49 50 03.

• Le Clou (15800 Thiézac)
- Gîte d'étape, 5 chambres, ouvert toute l'année, Harry de Beer et Tedje Hillenaar, tél. 04 71 47 01 45, www.leclou-france.com.
- Gîte *La Maison de Jeanne* (ancienne maison Chautard), 4 chambres, M. Deknut, tél. 04 71 47 04 82, www.lamaisonchautard.net.

• Trielle (15800 Thiézac)
Gîte d'étape, 57 places, 14 chambres, 5 studios, ouvert toute l'année, tél. 04 71 47 01 64.
• Buron de la Tuillière (15800 Thiézac)
15 places en dortoir (hébergement sommaire), tél. 04 71 47 06 60.

▶ Pour calculer la longueur d'une étape, il suffit d'additionner les chiffres de la colonne de gauche et de rajouter, si votre lieu d'hébergement se situe hors GR, le temps figurant entre parenthèses.

Temps de marche en heures	LOCALITÉS / RESSOURCES		Pages	Gîte d'étape	Hôtel	Chambre d'hôte	Camping	Ravitaillement	Restaurant	Cafés	Car	Gare	Office de tourisme	Distributeur de billets
	MURAT	*Vallée de l'Alagnon*	27		•	•	•	•	•	•	•	•	•	•
6.25	SUPER LIORAN		31	•	•		•	•	•	•	•	•	•	•
3.20	COL DE PRAT-DE-BOUC		31	•					•	•			•	
2	▶ ALBEPIERRE-BREDONS (Hors GR à 30 mn)		33		•		•	•	•	•				
2.30	MURAT		33		•	•	•	•	•	•	•	•	•	•
	SUPER LIORAN	*Vallée de la Cère*	37	•	•		•	•	•	•	•	•	•	•
0.20	COL DE FONT-DE-CERE		37	•						•				
5.10	LE CLOU		39	•					•					
0.15	TRIELLE		39	•					•	•				
0.30	THIEZAC		39		•	•	•	•	•	•	•		•	
1	LAFONT		39	•					•					
1.30	TUILLIÈRE		41	•					•					
5.30	SUPER LIORAN		41	•	•		•	•	•	•	•	•	•	•
	MANDAILLES	*Vallée de la Jordanne*	45	•	•	•	•	•	•	•	•			
6.20	▶ BURONS D'EYLAC (Hors GR à 30 mn)		47	•					•	•				
3	▶ COL DE LEGAL (Hors GR à 20 mn)		47	•					•	•				
1	SAINT-JULIEN-DE-JORDANNE		47		•		•	•	•	•	•			
0.20	MANDAILLES		47	•	•	•	•	•	•	•	•			
	LE FALGOUX	*Cirque du Falgoux*	51	•	•	•	•	•	•	•	•			
3.30	▶ RÉCUSSET (Hors GR à 15 mn)		51	•					•	•				
3.15	LE FAU		51	•					•	•				
2.55	▶ BURONS D'EYLAC (Hors GR à 30 mn)		53	•					•	•				
3.30	LE FALGOUX		55	•	•	•	•	•	•	•	•			
	LE CLAUX	*Vallée du Claux*	59	•	•	•	•	•	•	•	•			
4.50	BURONS D'EYLAC		59	•					•	•				
2.10	LE CLAUX		59	•	•	•	•	•	•	•	•			
	SAINT-FLOUR	*Boucle des Monts de la Margeride*	65	•	•		•	•	•	•	•	•	•	•
4.15	COREN		65	•		•			•					
5	▶ VÉDRINES SAINT-LOUP (Hors GR à 20 mn)		73		•			•	•					
2	▶ RUYNES-EN-MARGERIDE ((Hors GR à 1 h 45)		73	•	•	•	•	•	•	•			•	
2	▶ CLAVIÈRES (Hors GR à 1 h)		75			•	•	•	•					
0.20	FERME DE PRAT-NIOLAT		75	•			•		•					
5.25	PAULHAC-EN-MARGERIDE		79	•	•				•					
3.30	LA BESSE		81			•								
0.45	▶ PRAT-LONG (Hors GR à 5 mn)		81	•					•					
1.20	COMBECHALDE		81		•				•	•				
1.50	▶ MOULIN DE ST-MICHEL (Hors GR à 30mn)		83		•				•					
1.10	SAINT-FLOUR		83	•	•		•	•	•	•	•	•	•	•

Gîte d'étape · Chambre d'hôte · Camping · Cafés · Distributeur de billets
Hôtel · Ravitaillement · Restaurant · Car · Gare · Office de tourisme

Temps de marche en heures	LOCALITÉS / RESSOURCES	Pages	Gîte d'étape	Hôtel	Chambre d'hôte	Camping	Ravitaillement	Restaurant	Cafés	Car	Gare	Office de tourisme	Distributeur de billets
	SAINT-FLOUR *Boucle des Gorges de la Truyère*	85	•	•		•	•	•	•	•	•	•	•
3.30	▶ LA BARGE (Hors GR à 20 mn)	85	•						•	•			
2.35	FRIDEFONT	89	•		•	•		•	•	•			
3.35	SAINT-JUÉRY	91								•			
2.45	ALBARET-LE-COMTAL	91	•				•	•	•	•			
4	FAVEROLLES	95		•			•	•	•	•			
1.45	GARABIT	95		•				•	•	•			
1	VALADOUR	97		•				•	•	•			
0.45	LOUBARESSE	97							•	•			
1.45	▶ PRAT-LONG (Hors GR à 5 mn)	97	•					•	•				
1.20	COMBECHALDE	101		•				•	•				
1.50	▶ MOULIN DE ST-MICHEL (Hors GR à 30 mn)	101		•				•					
1.10	SAINT-FLOUR	101	•	•		•	•	•	•	•	•	•	•
	SAINT-FLOUR *Boucle du tour de la Planèze*	103	•	•		•	•	•	•	•	•	•	•
3.30	▶ LA BARGE (Hors GR à 20 mn)	103	•					•	•				
1	▶ FRIDEFONT (Hors GR à 1 h 30)	107	•		•	•		•	•	•			
1.30	LAVASTRIE	107				•			•				
3	NEUVÉGLISE	107		•	•	•	•	•	•				
4.20	PAULHAC	109			•		•		•	•			
4.15	VALUÉJOLS	113	•	•		•	•	•	•	•			
5.10	SAINT-FLOUR	117	•	•		•	•	•	•	•	•	•	•
	PAULHAC	115			•		•		•	•			
2.30	TANAVELLE	115						•	•				
3.15	SAINT-FLOUR	117	•	•		•	•	•	•	•	•	•	•

Gîte d'étape — Chambre d'hôte — Camping — Cafés — Distributeur de billets — Hôtel — Ravitaillement — Restaurant — Car — Gare — Office de tourisme

• Lafont (15450 Thiézac)
Gîte d'étape, dortoir 20 places et 6 chambres (34 lits) avec toilettes, location de raquettes, restauration sur commande, gérante Mme Colas, tél. 04 71 47 03 42, e-mail : gitedelafon@free.fr.

Boucle de la Vallée de la Jordanne

• Mandailles (15590 Mandailles-Saint-Julien)
- Gîte d'étape Vert Azur, 15 places et 4 chambres d'hôtes, responsable Géraldine Bouchet, ouvert toute l'année, tél. 04 71 47 93 81, e-mail : vert.azur@wanadoo.fr.
- Hôtel-restaurant aux Genêts d'Or, ouvert toute l'année (sur réservation hors saison), contacter M. Vigouroux, tél. 04 71 47 96 45.
- Hôtel *Au Bout du Monde*, 3 chambres, tél. 04 71 47 92 47, ouvert de janvier à novembre.
• Col de Legal (15140 Saint-Projet-de-Salers)
Gîte d'étape, 30 places, tél. 04 71 67 30 66, e-mail : courrier@coldelegal.com.

Boucle du cirque du Falgoux

• Le Falgoux (15380)
Gîte d'étape, 24 places, terrain de cam-

ping, s'adresser à Mme Simon, tél. 04 71 69 52 76.

• Récusset (15140 Saint-Paul-de-Salers)
Gîte d'étape, 20 places, ouvert du 15 mai au 1er octobre, restauration sur place, tél. 04 71 40 73 55.

• Le Fau (15140)
Gîte d'étape, 30 places, ouvert toute l'année, restauration sur place sur réservation, M. Laporte, tél. 04 71 40 70 56

Boucle de la Vallée du Claux

• Le Claux (15400)
- Maison de la montagne, tél. 04 71 78 93 88 :
Gîte d'étape de l'Espinette, 6 places, 2 chambres,
Gîte Lascourt, 12 places,
Centre d'hébergement du Giraldes, 35 places,
Gîte d'Enchanier, 35 places, 4 chambres,
Terrain de camping avec 6 chalets.

• Lavialle (15400 Le Claux)
- Gîte d'étape du Puy Mary, 22 places, 7 chambres avec salle de bain, ouvert toute l'année, tél. 04 71 78 34 84.

• Buron d'Eylac (15400 Le Claux)
Buron-refuge d'Eylac, 14 places, ouvert du 15 juin au 15 septembre, tél. 04 71 78 93 88 (hiver) et 04 71 48 68 68 (été), ouvert toute l'année.

Boucle Monts de la Margeride

• Coren (15100)
- 3 chambres d'hôtes de 2 à 4 personnes, ouvert juillet-août (individuels), groupes le reste de l'année, M. Tardieu, tél. 04 71 60 02 32.
- 3 chambres d'hôtes de 2 à 4 personnes, gîte d'étape 8 places, Mme Ondet, tél. 04 71 60 14 33.

• Védrines Saint-Loup (15100)
- *Auberge des Sapins*, restaurant, 10 chambres, Mme Delolme, tél. 04 71 73 51 28.
- *Hôtel de la Margeride*, bar, restaurant, 16 chambres, ouvert du 1er mai au 1er novembre, Mme Jeannerot, tél. 04 71 73 51 82.

• Trailus (15320) (hors GR)
Auberge Les Volpinières, 3 chambres d'hôtes, ouvert de Pâques à la Toussaint, M. Lombard, tél. 04 71 23 48 31.

• Ruynes-en-Margeride (15320) (hors GR)
- *Hôtel-restaurant Moderne*, 20 chambres, M. Rousset, tél. 04 71 23 41 17.
- Maison Familiale Les Aygues, gîte 12 lits, maison 62 lits (à partir de 12 personnes), familles juillet-août, groupes le reste de l'année, tél. 01 47 54 92 82.
- Camping *le Petit Bois*, Huttes de France, tél. 04 71 23 42 25 ou Office du tourisme au 04 71 23 43 32.

• Clavières (15320) (hors GR)
Auberge, bar, restaurant, 5 chambres d'hôtes, Mme Johanny, tél. 04 71 23 48 52.

• Prat-Niolat (15320)
Gîte d'étape 15 places, bar, restaurant, camping à la ferme, M. Martin, tél. 04 71 23 40 83.

• Paulhac-en Margeride (48140)
Gîte d'étape, hôtel 4 chambres, restaurant, M. Martin, tél. 04 66 31 73 46.

• La Besse (15320 Chaliers)
5 chambres d'hôtes, M. Siquier, tél. 04 71 23 48 80.

• Prat- Long (15320)
Gîte d'étape Centre Rozières, restaurant, bar, 16 lits, tél. 04 71 23 46 06.

• Combechalde (15320)
Auberge-restaurant des Pins, M. Dives, 6 chambres, tél. 04 71 23 48 65.

Boucle Gorges de la Truyère

• Saint-Flour (15100)
Gîte d'étape, Maison des Planchettes, 18 chambres, tél. 04 71 60 10 08.
Hôtel, chambres d'hôtes, campings, renseignements Office du tourisme, tél. 04 71 60 22 50.

• La Barge (15100 Alleuze)
3 chambres d'hôtes, Auberge du château d'Alleuze, tél. 04 71 60 96 91.

• Fridefont (15110)
- Gîte d'étape 16 places, 4 chambres d'hôtes « 3 clés », camping, table d'hôtes, renseignement Mme Chassany, tél. 04 71 23 59 89 ou 04 71 23 56 10, e-mail : chassany@terre-net.fr.
- Chambres d'hôtes (3 chambres 3 épis), gîte rural (3 chambres 3 épis), renseignements Mme Guilbot, tél. 04 71 23 51 72.

• Fournels (48310) (hors GR)
Gîte d'étape 20 places, restaurant, M. Saint-Chély, tél. 04 66 31 60 84.

• Albaret-le-Comtal (48310)
Gîte d'étape 14 places, restaurant, Mme Delcros, tél. 04 66 31 64 63.

• Faverolles (15320)
- *Hostellerie du Buffadou*, 14 chambres, tél. 04 71 23 40 84.
- Relais des Sites, 5 chambres, restauration, Mme Falcon, tél. 04 71 23 47 80 ou 04 71 23 49 30.

• Garabit (15320)
Hôtel-restaurant *Le Viaduc*, 25 chambres, ** Logis de France, tél. 04 71 23 43 20.
Hôtel-restaurant *Le Garabit*, 45 chambres, ** Logis de France, tél. 04 71 23 42 75.
Hôtel-restaurant *Le Beau Site*, 16 chambres, Logis de France, tél. 04 71 23 41 46.

• Prat-Long (15320 Chaliers)
Gîte d'étape Centre Rozières, restaurant, bar, 16 lits, tél. 04 71 23 46 06.

• Moulin de Saint-Michel (15100 Saint-Georges) (hors GR)
Hôtel *Le Bout-du-Monde*, 14 chambres, **NN, tél. 04 71 60 15 84.

Boucle Tour de la Planèze

• Saint-Flour (15100)
- Gîte d'étape Maison des Planchettes, 7 rue des Planchettes, 18 chambres, tél. 04 71 60 10 08.
- Hôtel, chambres d'hôtes, camping, renseignement : Office du tourisme, tél. 04 71 60 22 50.

• La Barge (15100 Alleuze)
3 chambres d'hôtes, Auberge du château d'Alleuze, tél. 04 71 60 96 91.

• Fridefont (15110) (hors GR)
- Gîte d'étape 16 places, 4 chambres d'hôtes « 3 clés », camping, table d'hôtes, renseignement Mme Chassany, tél. 04 71 23 59 89 ou 04 71 23 56 10, e-mail : chassany@terre-net.fr.
- Chambres d'hôtes (3 chambres 3 épis), gîte rural (3 chambres 3 épis), renseignements Mme Guilbot, tél. 04 71 23 51 72.

• Neuvéglise (15260)
- Hôtel-restaurant de la Poste, 24 chambres, tél. 04 71 23 81 28.
- Chambres d'hôtes, camping, renseignement Office du tourisme, tél. 04 71 23 85 43 ou à la mairie 04 71 23 80 16.

• Paulhac (15430)
- Chambres d'hôtes, *Auberge des Estives*, 5 chambres, Mme Flageol, tél. 04 71 73 32 15.

• Valuéjols (15300)
- Gîte d'étape (centre d'accueil) , 18 places, Mme Rousset, tél. 04 71 73 24 25 ou 04 71 73 22 13.
- Hôtel-restaurant du Centre, 10 chambres, tél. 04 71 73 21 33.
- Hôtel restaurant des Voyageurs, 7 chambres, tél. 04 71 73 20 75.

S'équiper et s'alimenter pendant la randonnée

S'équiper pour une randonnée

Pour partir à pied plusieurs jours dans la nature, mieux vaut emporter un minimum d'équipement :

– des vêtements de randonnée adaptés à tous les temps (vent, froid, orage, pluie, neige, chaleur, etc.) ;

– des chaussures de marche adaptées au terrain et à vos pieds ;

– un sac à dos ;

– un sac et un drap de couchage pour certains gîtes d'étape ou refuges qui ne fournissent pas le nécessaire ou si vous campez. N'oubliez pas de demander lors de votre réservation.

– des accessoires indispensables (gourde, couteau, pharmacie, lampe de poche, boussole, grand sac poubelle pour protéger le sac à dos, chapeau, bonnet, gants, lunettes de soleil et crème solaire, papier toilette et couverture de survie).

Plus votre sac sera léger, plus votre randonnée sera agréable.

Dans le commerce, vous n'aurez que l'embarras du choix pour vous équiper. Demandez conseil à un vendeur.

S'alimenter pendant la randonnée

Pensez à vous munir d'aliments énergétiques riches en protéines, glucides et fructose, tels que des barres de céréales, pâtes de fruits, fruits secs. Le chocolat est également un bon aliment énergétique, mais il présente l'inconvénient de fondre à l'intérieur du sac.
Pensez aussi à boire abondamment, mais attention à ne pas prendre n'importe quelle eau en milieu naturel. Munissez-vous dans ce cas de pastilles purificatrices.

La meilleure façon de vous préparer, c'est encore de vous procurer : le Guide pratique du randonneur, (réf. 029).

GUIDE PRATIQUE DU RANDONNEUR :

Adresses utiles

Randonnée

Pour adhérer à une association de randonneurs et entretenir les sentiers

• Centre d'information de la Fédération, 64, rue du Dessous-des-Berges, 75013 Paris, tél. 01 44 89 93 93, fax 01 40 35 85 67. Internet http://www.ffrandonnee.fr.

• Comité départemental de la randonnée pédestre, 2, avenue du Docteur-Mallet, 15100 Saint-Flour, tél. 04 71 60 64 51, internet : http://cdrp15.site.voila.fr.

Comité départemental du tourisme

• Comité Départemental du tourisme du Cantal, 36 rue de Sistrières, 15000 Aurillac, tél. 08 26 96 15 15, www.cantaltourisme.fr.

Offices de tourisme et Syndicats d'initiative

• Office de tourisme, place du Square, 15000 Aurillac, tél. 04 71 48 46 58.

• Office de tourisme, Place d'Armes, 15100 Saint-Flour, tél. 04 71 60 22 50.

• Office de tourisme, 15260 Neuvéglise, tél. 04 71 23 85 43.

• Syndicat d'initiative, 15430 Paulhac, tél. 04 71 73 34 73 / 04 71 73 32 35.

• Office de tourisme, 15300 Murat, tél. 04 71 20 09 47.

• Syndicat d'initiative, le Bourg, 15320 Ruynes-en-Margeride, tél. 04 71 23 43 32.

Divers

• Syndicat mixte du Puy Mary, 1 rue de l'Olmet, 15000 Aurillac, tél. 04 71 43 14 31, www.puymary.fr

• Parc naturel régional des Volcans d'Auvergne, Château de Montlosier, 63970 Aydat, tél. 04 73 65 64 00.

• Parc naturel régional des Volcans d'Auvergne, bureau du Cantal et association de Sauvegarde des burons du Cantal, rue du Château-Saint-Etienne, 15000 Aurillac, tél. 04 71 48 68 68.

• Maison des Volcans, rue du Château-Saint-Étienne, 15000 Aurillac, tél. 04 71 48 49 09.

• Maison des Sciences, rue du Château-Saint-Étienne, 15000 Aurillac, tél. 04 71 48 07 00.

• Barrage de Grandval, tél. 04 71 23 82 48

• Ecomusée de Ruynes-en-Margeride, tél. 04 71 23 42 96.

• Buron des Prés Marty - Accueil Montagne - col de Prat-de-Bouc, 15300 Albepierre, tél. 04 71 73 14 38.

Bibliographie, cartographie

Connaissances géographiques et historiques de la région

• Debaisieux F., *Cantal, la Saga d'un Volcan*, éd. Debaisieux.
• Fouilheron J., *La Cathédrale de Saint-Flour*, Nouvelle Edition latine.
• Géraud R., *Les Vaches rouges*, éd. La TableRonde.
• Laconche G., *Légendes et diablerie du Cantal*, éd. Verso.
• Liandier L.J., *Cantal*, éd. De Borée.
• Loussert A., *Les Seigneurs de Brezons*, éd. Gerbert.
• Louis M., *La Bête du Gévaudan*, éd. Perrier.
• Mallouet J., *Dans les Monts du Cantal*, éd. Payot.
• Martres E., *L'Auvergne dans la Tourmente 39-45*, éd. De Borée.
• Méraville M.A., *Contes de l'Auvergne*, éd. Royer Maisonneuve Larose.
• Langloy R., *Tempête dans un verre d'eau*, éd. Temps Pastel.
• de Puytorac P., *L'Auvergne, la faune, la flore*, éd. Delachaux.
• Roussel E., *Pompidou*, éd. Lattès.
• Soissons P., *Quelque part le Cantal*, éd. Quelque part sur terre.
• Tourant L., *Le Cantal 1900/1920, c'était hier*, éd. De Borée.
• Vialatte A., *L Auvergne Absolue*, édition Julliard.
• Vinatié A., *Route des Mégalithes*, éd. Pays de Saint-Flour.
• Vinatier B., *Les Eglises romanes*, éd. Amis du Vieil Allanche.
• *Cantal , les plus belles balades*, ONF, éd. du Pélican.
• *Gîtes d'étape et refuges, France et frontières*, A. et S. Mouraret, Rando Edition.

Cartographie

• Carte Michelin au 1 : 200 000 n° 76
• Carte IGN au 1 : 100 000, série Verte n° 49
• Cartes IGN au 1 : 25 0000 : 2435 OT, 2535 O, 2335 E, 2536 O, 2536 E, 2635 O, 2635 E. 2636 O, 2636 E
• Carte IGN au 1 : 50 000 " Culture et Environnement " Monts du Cantal, Planèze, Margeride, Aubrac.

Réalisation

Les itinéraires décrits dans ce topo-guide ont été réalisés, balisés et contrôlés par les membres bénévoles du Comité départemental de la Randonnée pédestre du Cantal.
Le guide est publié grâce au concours financier du Conseil Général du Cantal.
Nous remercions :
Le CPIE du Cantal, M.F. Christiaen (CAUE Du Cantal), FDCC du Cantal, M. Bonal (UPRA Salers), CIF du Cantal, Marcel Besombes, M. Monteil, Gilbert Planche, Pierre Chassang, L. Bouyssou, J. Meyroneinc, Daniel Bruges, J. Boudou, André Fel, J. Fouilleron, G. Barthomeuf, A. Coutarel, ARPPMA, A.C. Villeneuve, J.S. Salasse, tous les maires des communes traversées et les Amis et Baliseurs des Sentiers de Grande Randonnée du Cantal.

• Les **photographies** sont de Pierre Soissons (P. S.), Paul Jouve (P. J.), René Barrière (R. B.), C. Blin (Parc des Volcans/C. B.), M. Monteil (M. M.), L. Védrines (L. V.), J.-F. Ferraton (J.-F. F.), G. Planche (G. P.), Ecomusée de la Margeride (E. M.), DRAC Auvergne, Mairie de Saint-Flour, Herd Book Salers (H. B. S.), Comité départemental de la Randonnée pédestre (CDRP), Muséum des Volcans (M. V.), CPIE du Cantal, Marie-France Hélaers (M.-F. H.).
• Les **Dessins** sont de Nathalie Locoste (N. L.), Pascal Robin (P. R.), D. Bruges (D. B.) et Victor Fonfreide (V. F.).

Direction des collections et des éditions : Dominique Gengembre. **Production éditoriale :** Isabelle Lethiec. **Secrétariat d'édition :** Philippe Lambert et Marie Fourmaux. **Cartographie :** Olivier Cariot et Frédéric Luc. **Mise en page :** Jérôme Bazin. **Suivi de fabrication :** Jérôme Bazin, Céline Lépine, Caroline Le Guen. **Lecture et corrections :** Elisabeth Gerson, Anne-Marie Minvielle, Gérard Peter, Michèle Rumeau, Marie-France Hélaers. **Design couverture :** Agence Sarbacane.

Le Parc Naturel Régional des Volcans d'Auvergne

Une terre de contrastes

Sur près de 400 000 ha entre lacs et volcans, le Parc des Volcans d'Auvergne s'étend sur 5 régions naturelles : la Chaîne des Puys, les Monts-Dore, le Cézalier, l'Artense et le Cantal. Les paysages, exceptionnels et variés, ont été façonnés par le feu et la glace depuis des milliers d'années.

Un pays d'histoire et de traditions

Riche en témoignage du passé avec ses églises d'art roman, ses châteaux forts et son patrimoine rural, il a su conserver son caractère authentique.

Un pays de savoir-faire

Depuis des générations, les hommes ont développé une agriculture de qualité généreuse en produits savoureux : les fromages et la viande.

Un territoire à préserver et à valoriser

Créé en 1997, le Parc a pour mission la préservation et la mise en valeur de son patrimoine naturel et culturel. Il regroupe 153 communes qui ont choisi de favoriser un développement harmonieux des activités humaines avec un environnement privilégié.

Des Maisons pour découvrir les hommes et leur pays

• *Maison de la Gentiane*
15400 Riom-ès-Montagnes
Tél. 04 71 78 03 04
▶ Du 15 juin et au 15 septembre

• *Maison du Buronnier*
Fraisse-Haut 15300 Laveissière
Tél : 04 71 20 19 00
▶ Du 15 juin au 15 septembre

• *Maison de la Faune*
15300 Murat
Tél : 04 71 20 00 52 et 04 71 20 09 47
▶ De mai à octobre et vacances scolaires

• *Centre d'information du Parc Naturel Régional*
Montlosier 63970 Aydat
Tél : 04 73 65 64 00
E-mail : parc.volcans@wanadoo.fr

Vallée de Mandailles. *Photo P. S.*

Eglise de Bredons. *Photo M.-F. H.*

Dans le cadre de sa politique volontariste en faveur de la valorisation de l'environnement et du développement du tourisme d'espace, le Conseil Général du Cantal a élaboré un Plan Départemental des Itinéraires de Promenade et de Randonnée (GR, GRP, PR, sentiers VTT et itinéraires équestres).

Ce plan (PDIPR) est le fruit d'une concertation entre l'ensemble des partenaires de la randonnée dans le département. Il a nécessité un travail minutieux de reconnaissance et d'évaluation des itinéraires créés depuis de nombreuses années par tous les passionnés élus locaux, individus ou associations qui ont donné au Cantal sa réputation de terre de randonnée.

Evolutif, le PDIPR constitue un recueil de parcours sur lequel le Département entend poursuivre la structuration d'un réseau d'itinéraires entretenu, ouvert, accueillant et varié. Aussi le Conseil Général développe t-il un programme ambitieux d'actions visant tout à la fois : l'amélioration de la qualité des itinéraires et des hébergements d'étapes, l'harmonisation des initiatives et des interventions et le développement d'actions d'information, de promotion et de commercialisation.

Photo.Parc des Volcans/C. B.

Photo Parc des Volcans/P. S.

Conseil Général du Cantal
Hôtel du Département
15015 Aurillac Cedex
Tel. 04 71 46 20 20
Fax 04 71 46 21 42

CONSEIL GENERAL DU CANTAL

PDIPR

Un bref aperçu du volcan cantalien

Le dôme du Puy Mary et les fours de Peyre-Arse. *Photo P. S.*

Un des volcans les plus importants d'Europe

Avec un diamètre d'environ 70 km, le massif cantalien est l'un des volcans les plus importants d'Europe, dont les principaux sommets sont le Plomb du Cantal (1855 m) et le Puy Mary (1787 m).
Les géologues imaginaient, autrefois, la silhouette d'un énorme strato-volcan, qui aurait commencé à jaillir des entrailles de la terre il y a vingt millions d'années, voire plus. Les éruptions, les effondrements, les périodes de repos se seraient succédé jusque vers moins cinq à moins deux millions d'années. Les coulées les plus récentes constituent les basaltes des plateaux qui forment les différentes planèzes. La seule certitude c'est qu'il y eut, à différentes périodes, plusieurs points de projections de brèches et de cendres et plusieurs points d'émission de laves volcaniques.
Plus près de nous, à l'époque des hommes, l'érosion fluviatile et glaciaire a façonné les traits de la géomorphologie actuelle du Cantal. Dans leur partie supérieure les grandes vallées radiales furent remodelées par les glaces, il y a quelque 10 000 ans. Nous sommes loin, ici de l'image des volcans d'Auvergne de la chaîne des Puys, aux formes tellement fraîches qu'on les croirait seulement endormis. Il s'agit presque d'une vraie montagne avec des vallées profondes (vallées de la Santoire, de la Rhue, de la Maronne, de la Cère et de l'Alagnon) et des dénivellations importantes qui ont toujours été de notables obstacles aux communications. L'altitude générale du massif donne lieu à des hivers longs et rigoureux, qui sont autant de contraintes pour les travaux agricoles que pour l'habitat.

Saint-Flour, vue générale. *Photo P. S.*

Des pays d'élevage

Les monts du Cantal sont traditionnellement des pays d'élevage. Seuls les bassins et les planèzes, en particulier celle de Saint-Flour, étaient, au moins jusqu'à la guerre de 1914, des terres de labour (seigle, lentilles). Les troupeaux composés le plus souvent de salers au nord, d'aubracs au Sud, parcourent " la montagne " à la belle saison. Dans les burons, aujourd'hui presque tous abandonnés, les fromagers et les vachers fabriquaient les fourmes du Cantal. Les troupeaux actuels sont plus spécialisés: orientés vers l'élevage à viande dans "les montagnes" et vers la production de lait sur les basses planèzes. Le département du Cantal se tourne vers le tourisme misant sur l'attrait de la nature, du " pays vert " ou "des grands espaces". Les gîtes et les hôtels sont nombreux pour accueillir une clientèle qui recherche de plus en plus des activités et des formes d'hébergement variées.

Troupeau de vaches salers. *Photo P. S.*

La station du Super-Lioran, la première station de ski d'Auvergne, est certes moins enneigée que ses grandes sœurs des Alpes mais beaucoup plus proche d'une clientèle familiale. Elle est desservie, au pied des pistes, par le train.
La gare se situe à quelques centaines de mètres des tunnels du Lioran. Le premier d'entre eux a été foré au pic et à la mine de 1839 à 1847 sur 1412m pour la route, le second un peu plus

long (1956m) et plus profond a été creusé pour le chemin de fer en 1868. Un nouveau tunnel routier (1515 m) remplacera l'ancien en 2007. Ils constituent la seule grande voie de passage qui permette de traverser aisément et en toutes saisons le massif. Les cols élevés, qui font communiquer les vallées entre elles sont difficilement praticables ou fermés pendant l'hiver (col de Cère, Pas de Peyrol).

Une économie à dominante agricole

Dans une certaine mesure, les paysages reflètent autant l'économie et la société d'hier que celles du 21e siècle débutant. Les villes, situées à la périphérie du massif, gardent le souvenir jaloux de leur prospérité passée et de leur importance historique : Salers et son bailliage, Saint-Flour son évêché et sa cathédrale, Murat son ancienne sous-préfecture.
Malgré une population peu nombreuse et vieillissante, le Cantal se tourne résolument vers l'avenir en s'appuyant sur le développement de son potentiel naturel (domaine skiable, plans d'eau…) et sur l'émergence de nouvelles activités liées au tourisme (remise en forme, escalade, casino…). Quant aux activités économiques, elles continueront de reposer sur l'exploitation et la transformation des ressources naturelles, notamment dans le domaine agroalimentaire (nombreuses laiteries et fromageries) et dans une moindre mesure dans le domaine industriel (fabrication de mobilier à Ydes et Aurillac).

Les paysages et le cadre de vie du Cantal n'aspirent qu'à renouveler le tourisme, à attirer les populations, à susciter des activités et à créer des richesses, aidées en cela par des communications améliorées et de nouvelles technologies, alliées indispensables pour affronter les défis du futur.

Buron. *Photo P. S.*

0
1 km
Carte IGN 2435
GR 400
Hors GR
Murat
Super-Murat
Chastel-sur-Murat
Bredons
Laveissière
Fraisse-Haut
Fraisse-Bas
Chambeuil
le Lioran
la Chapelle
la Gravière
la Bourgeade
Vassivière
le Cheylat
Cheyrouze
les Lissards
la Font Redonde
Chazelles
le Meynial
l'Alagnon
FORÊT DE BELLES AIGUES
FORÊT
Puy de Seycheuse
Peyre Gaîri
la Chevade
la Denterie
la Chassagne
Massebeau

Le sentier GR® 400

boucle de la Vallée de l'Alagnon

► Les randonneurs parcourant le Tour du Volcan Cantalien dans sa totalité doivent utiliser cette boucle jusqu'à Super-Lioran.

De Murat à la D 139 — 3,5 km — 1 h 25

A Murat :

1 De la gare de **Murat** (920 m), rejoindre le centre ville puis l'église. Monter la rue de Lavergne, puis le chemin de Bonnevie. Tourner à gauche et arriver à un carrefour *(en partant à gauche, on peut accéder au rocher de Bonnevie, panorama)*.

2 Continuer tout droit sur un chemin qui surplombe la route. Traverser la déviation de Murat pour s'engager sur la route qui passe au-dessus du château de Massebeau. Elle descend et franchit le Bournandel. Par une sente sinueuse dans les prés, en longeant une haie à gauche, monter à la ferme de Chazelles. Utiliser le chemin d'accès à cette ferme et atteindre la **D 139** (1 105 m).

De la D 139 à Cheyrouze — 1,5 km — 30 mn

Emprunter en face (Nord-Ouest) la **D 139** sur 100 m.

3 Dans le premier virage, prendre à gauche un chemin qui mène à une clôture (bien la refermer). Au niveau des abreuvoirs de la Font Redonde, aller tout droit sur 300 m.

4 Avant les ruines du buron des Lissards, tourner à gauche pour descendre à **Cheyrouze** (1 132 m).

De Cheyrouze à Peyre-Gary — 4 km — 1 h 20

Au hameau de **Cheyrouze**, suivre à droite la route sur 300 m.

5 S'engager sur le chemin qui part tout droit. Il passe en forêt, monte fortement dans une courbe, puis vire à gauche sous la crête pour atteindre le plateau en dessous les burons de **Peyre-Gary** (1422 m).

De Peyre-Gary à la ligne de crête (1493 m) — 3 km — 50 mn

6 Au sud des burons de **Peyre-Gary**, longer le plateau à gauche à l'extérieur des clôtures puis rejoindre le chemin qui passe à flanc du puy de Seycheuse et traverse un bois *(bien refermer les clôtures)*.

7 A une fourche, 50 m après la sortie du bois, prendre la branche à gauche qui rejoint et traverse le ruisseau de Pierre Taillade. Monter en face jusqu'à **la ligne de crête** (1493 m).

Hors GR pour Le Lioran et Super-Lioran — 6 km — 1 h 30

Au Lioran et Super-Lioran :

Prendre le chemin qui descend vers le sud puis vers l'Est. Par de larges lacets dans la forêt, descendre. Emprunter à droite la N 126 et atteindre Le Lioran (1150 m) puis Super-Lioran (1240 m).

Cantal, le plus vaste volcan d'Europe

Avec ses 70 kilomètres de diamètre, le massif volcanique cantalien est le plus étendu d'Europe. Mais il n'est pas facile de percevoir sa nature cachée sous les apparences d'une paisible montagne herbagère.
Pourtant le Cantal fut le siège d'une activité volcanique dont les manifestations furent exceptionnellement violentes.
Le massif volcanique du Cantal s'est édifié pour l'essentiel entre -13 et -2 millions d'années. L'activité commence par des éruptions basaltiques dispersées (-13 à -7 millions d'années). Dans la future zone centrale, cette activité est progressivement relayée par des manifestations beaucoup plus explosives. De -10 à -6,5 millions d'années se construit ainsi un volcan complexe où alternent sur de grandes épaisseurs, des laves massives et des accumulations de roches volcaniques fragmentées appelées brèches volcaniques. Le stratovolcan cantalien est alors en majesté. Son altitude (2500-3000 mètres ?) dépasse certainement l'altitude actuelle (1856 mètres). De 7 à 2 millions d'années, un véritable déluge basaltique termine en beauté l'histoire du volcan.
Les crêtes de la zone centrale ne sont donc que les ruines de l'imposant stratovolcan. On peut cependant reconnaître quelques formes volcaniques : le puy Mary est un dôme (accumulation de lave visqueuse au-dessus de la cheminée d'alimentation) et le puy Griou une aiguille (" protrusion ") de phonolite déjà solidifiée au moment de son extrusion.

Coulées de trachyandésite et Brèche de Rolland. *Photo M. V.*

L'environnement cantalien

Photo CPIE du Cantal.

En parcourant le GR 400 dans le département du Cantal, vous découvrirez un patrimoine naturel et bâti bien préservé. Le volcan cantalien occupe tout le centre du département, sur près de 2 700 km². La plupart des roches que l'on y trouve est d'origine volcanique et a servi à construire le bâti traditionnel.

L'eau est omniprésente et fait partie intégrante des paysages sous la forme de très belles cascades et de cours d'eau au bord desquels vous aurez peut-être la chance d'apercevoir certains oiseaux tels que le cincle plongeur, d'observer la truite (très présente dans les rivières), ou bien encore la loutre au comportement très discret.

Lis martagon. *Photo P. S.*

Il est certain que vous allez parcourir les chemins dans des secteurs montagneux d'origine volcanique comme autour du Puy Mary et du Puy Griou, zones touristiques qui ne vous empêcheront pas de découvrir des paysages plus "sauvages" et de visiter quelques burons.

La diversité des milieux et des reliefs permet de rencontrer diverses espèces de gibier : le gibier migrateur (bécasses des bois, grives, alouettes), le gibier d'eau (bécassines des marais, canards, sarcelles), le petit gibier (lièvres, perdrix rouges, faisans), ainsi que le plus représenté, le grand gibier (chamois, mouflons, chevreuils, cerfs et sangliers).

Vous pourrez également observer des fleurs de montagne comme les ancolies, les lis et plus haut les gentianes.

Sur le sentier, vous rencontrerez certainement des troupeaux de vaches Salers qui sont là en estive pour quelques mois d'été.

Faisan de colchide. *Photo R. B.*

R E G I O N A
C A N T A L
A U V E R G N
0
1 km
Carte IGN 2435
GR 400
GR 4
6
7
8
9
10
11
12
13
14
15
Peyre Arse
Puy de Seycheuse
Vassivière
le Cheylat
Roches de Vassivière
Col de Cabre
Puy Bataillouse
Téton de Vénus
Buron de Meije Costes
Col de Rombière
FORÊT DU LIORAN
FORÊT DE BELLES AIGUES
Font d'Alagnon
le Lioran
Super-Lioran
Col de Font de Cère
Font de Cère
Puy de Massebœuf
Fromagerie du Griou
les Chazes
Bois des Carbonnières
Cirque de Chamalière
Puy du Rocher
Rocher de Chamalière
Pas des Alpins
les Prés Marty
PLOMB DU CANTAL
Puy Brunet
Col de la Tombe du Père
Col de la Pourtoune
Buron de Ferval
Bois del Bert
les Gardes
Bois de la Pierre du Loup
Puy de la Cède
Puy de Grandval
Puy Gerbel
Col de Chèvre
la Bourgeade
la Remise
Gorges de l'Alagnon
les Mallevielles
Vduc du Passadou
Peyre Ourse
Peyre de l'Ane
Rocher de la Sagne du Porc
Veyrière
Vduc de Saguissouze
Vduc de Delbarat
Bois Grand
Buron de Pranadag
Cascade du Saut de la Truite
la Montagne de Livernade

De la ligne de crête à Super-Lioran

6 km | 2 h 20

A Super-Lioran :

8 Suivre **la ligne de crête** à gauche jusqu'à deux mamelons rocheux (1642 m). Passer à droite de ceux-ci, trouver un sentier et le prendre à droite pour atteindre le rocher du Bec-de-l'Aigle.

9 Suivre la crête vers l'Ouest, passer au Sud du Téton-de-Vénus et descendre à flanc du puy Bataillouse.

10 Obliquer à gauche sur une trace qui mène au buron de la Montagne-des-Costes. La trace, devenue sentier, descend en forêt *(franchir et bien refermer la barrière)*.

11 A la lisière, emprunter la piste forestière à droite.

12 Monter à droite, retrouver la route impériale dans un lacet et l'emprunter jusqu'au lacet suivant.

► Jonction avec le GR® 4 qui vient à droite de Condat et avec la boucle *Vallée de la Cère* qui vient à droite du pied du puy Griou et de Thiézac.

13 S'engager en face (Est) sur la piste Nicolas qui mène à **Super-Lioran** (1240 m).

De Super-Lioran au Plomb du Cantal

5,5 km | 2 h30

► Les randonneurs parcourant le *Tour du Volcan Cantalien* dans sa totalité, doivent utiliser la boucle *Vallée de la Cère* jusqu'au col de Combenègre (voir page 37).

A **Super-Lioran**, suivre le balisage vers le Nord-Est, en direction du rocher du Cerf. Continuer la piste vers le Sud-Est sur environ 1,5 km, puis tourner à gauche pour atteindre l'Aiguillon.

14 Longer la crête sur 1,5 km vers le Sud, pour atteindre le pas des Alpins. Rejoindre à droite la gare supérieure du téléphérique *(café, restaurant)*. De là, poursuivre sur la crête qui monte au **Plomb du Cantal** *(1855 m ; table d'orientation)*.

Du Plomb du Cantal au col de Prat-de-Bouc

3 km | 50 mn

Au col de Prat-de-Bouc :

► Les randonneurs parcourant le *Tour du Volcan Cantalien* dans sa totalité doivent utiliser cette boucle jusqu'à Murat.

Descendre tout droit au pied du **Plomb du Cantal**.

► Séparation de la boucle *Vallée de la Cère* qui part à droite vers le puy Gros.

15 Bifurquer à gauche (Sud-Est) en direction du col de la Tombe-du-Père (1586 m). De là, obliquer à l'Est, continuer à descendre sur le flanc de la montagne et atteindre le **col de Prat-de-Bouc** (1396 m).

Murat
Chambeuil
Bredons
Albepierre-Bredons
Le Lioran
Super-Lioran
FORÊT DE BELLES AIGUES
FORÊT DOMANIALE DE MURAT
Puy du Rocher
Cirque de Chamalière
Col de la Molède
Puy de la Molède
Chameirol
le Creux de Forêt
le Pas de Bœuf
Cascade des Vergnes
Col de la Tombe du Père
Puy Brunet
PLOMB DU CANTAL
Puy du Bac
le Frau
le Ché
Hors GR
GR 4
GR 400
Variante
Téléphérique
14
15
16
17
18
19
20
21
22
23
0
1 km
Cartes IGN 2435 - 2535

Du col de Prat-de-Bouc au buron de Raveyrol

2 km | 30 mn

▶ Départ à droite de la variante du GR® 4 qui rejoint le GR® de Pays *boucle de la Planèze* (voir page 113). Par temps de brouillard, utiliser le GR® 4 vers Albepierre-Bredons (voir ci-dessous)

A **Prat-de-Bouc**, emprunter la route à gauche (Nord) sur 400 m.

16 Entrer à gauche en forêt par un chemin qui franchit le ruisseau. Dévaler la pente le long du vallon et, toujours en forêt, atteindre le **buron de Raveyrol** (1309 m).

▶ Séparation du GR® 4 qui part à droite en direction de Saint-Flour (voir page 113). Par Albepierre-Bredons *(4 km, 1 h)*, il rejoint le GR® de Pays *boucle de la Planèze*.

Du buron de Raveyrol à La Molède

5,5 km | 1 h 30

17 A la hauteur du **buron de Raveyrol**, tourner à gauche et longer la lisière de la forêt.

18 Au coin de la prairie, prendre à gauche le chemin qui s'enfonce dans la forêt sur 250 m. Il oblique à droite et rejoint une route forestière.

19 L'emprunter à gauche jusqu'au buron des Blattes.

20 Continuer vers l'Est par un chemin forestier sur 1,5 km et gagner le buron supérieur du Pré-Grand. De là, prendre au Nord-Ouest le chemin qui mène au col de la Molède (1329 m).

21 Traverser la route, couper sur quelques mètres la clairière vers l'Est pour rejoindre le bord du plateau et descendre en longeant une clôture. Reprendre à gauche en descendant un chemin qui après un virage à droite est bordé de frênes. L'emprunter jusqu'à la route pour arriver par la droite au hameau de **La Molède** (1234 m).

Hors GR pour Albepierre-Bredons

2 km | 30 mn

A Albepierre-Bredons :

Prendre la route qui descend au Sud-Ouest puis à l'Est et rejoindre le village (1050 m).

De La Molède à Murat

9 km | 2 h 30

A Murat :

A **La Molède**, après la première ferme, tourner à gauche puis encore à gauche à l'oratoire. Le chemin rejoint la crête, laisse un autre chemin sur la gauche et pénètre en forêt de Murat. Déboucher sur une piste forestière et l'emprunter à droite.

22 Descendre par le sentier à droite et aboutir sur la D 39. La prendre à droite sur 50 m et, avant La Grange de Magne, s'engager à gauche sur le chemin de Cresponnet qui mène à Bredons (956 m). L'église romane de Bredons 12e est une des plus remarquables de la Haute-Auvergne.

23 Avant l'église de Bredons, descendre à gauche par une sente qui mène à la D 926. L'emprunter à gauche, franchir le pont sur l'Alagnon, retrouver **Murat** (920 m), puis la gare à gauche.

La digitale

Digitale pourpre. *Photo CPIE du Cantal.*

Très fréquente aux bords des chemins forestiers, cette grande plante aux fleurs rose foncé que vous rencontrerez tout l'été, c'est la Digitale pourpre. On dit que ses fleurs sont en forme de doigt de gant, dont l'intérieur est blanc maculé de points foncés. On rencontre la digitale un peu partout dans le Cantal, sur les terrains plutôt siliceux, mais attention ! Cette plante est très toxique ; ses feuilles surtout contiennent un poison violent. Il est recommandé de... l'admirer, mais d'éviter de la toucher. Cependant, utilisée à très faible dose, la substance produite par la plante, la digitaline, a un effet régulateur du rythme cardiaque et favorise les sécrétions d'urine.
Une autre espèce, la digitale jaune, aux fleurs moins spectaculaires et plus petites, colonise également les talus sur terrains acides

La gentiane

La grande gentiane est une des fleurs les plus caractéristiques du " Pays des grands espaces " ; cette grande plante aux fleurs jaunes en étoile se trouve facilement sur les estives.
Emblématique des pâturages, elle fleurit l'été en altitude dès 500 à 600 m. En dehors de sa période de floraison, on peut la confondre avec le vératre blanc qui lui ressemble beaucoup (et possède des fleurs blanchâtres) ; un bon moyen de les distinguer est d'observer la disposition des feuilles sur la tige : feuilles opposées pour la gentiane, feuilles alternes pour le vératre. Il est important de bien les dissocier car les racines de gentiane, bien charnues, sont récoltées pour la fabrication de boissons apéritives... alors que le vératre est un poison violent. Cette récolte de racines de gentiane est alors l'occasion d'une fête de la Gentiane tous les ans en début d'été à Riom-ès-Montagnes...

Grande gentiane. *Photo CPIE du Cantal.*

Les maisons du massif cantalien

Toits de lauze. *Photo CDRP.*

La maison est soit isolée loin des bâtiments d'élevage, de type à éléments indépendants, soit de type bloc à terre avec l'habitation prolongée par la grange-étable. C'est un bloc rectangulaire coiffé de lourdes lauzes volcaniques. Les avant-toits sont exécutés en pierre de taille ou en bois, mais le toit déborde peu.
La maison paysanne est sans étage avec un toit à deux pans fortement inclinés. La maison de Maître a un toit à quatre pans avec un étage. Ces maisons sont caractérisées par l'importance des cheminées à deux niveaux entourés de larmiers servant à rejeter la pluie, ainsi que par les rangées de lucarnes qui reprennent la symétrie de la façade.
Les murs sont bâtis en blocs de basalte jointoyés au mortier de chaux, et les ouvertures sont entourées de pierres d'encadrement taillées avec quelquefois des linteaux sculptés. La façade est percée d'une porte et d'une fenêtre (parfois deux) et donne l'impression d'une apparente symétrie.

Pour les maisons de maître, l'apparence de symétrie devient réalité. Les ouvertures sont au nombre de trois, quatre ou cinq par rangée, et l'ordonnance de l'étage reprend celle du rez-de-chaussée avec comme axe de symétrie, la porte d'entrée.
Un petit escalier ou simplement un pavage fait de larges dalles marque le seuil. Souvent sur l'arrière, une excroissance recouverte par le prolongement du toit abrite la "souillarde", sorte de cuisine voûtée donnant sur la salle commune.

M.F. Christiaen

Maison paysanne. *Photo P. S.*

Puy Chavaroche
Puy Griou
Puy de l'Usclade
Col du Glizou
Col du Pertus
Col de Font de Cère
Col de Rombière
Rombière
Font de Cère
Puy de Massebœuf
Super-Lioran
le Lioran
Font d'Alagnon
Forêt du Lioran
Plomb du Cantal
Puy Brunet
Col de la Pourtoune
les Chazes
les Gardes
St-Jacques-des-Blats
Mandailles
Larmandie
le Mas
Lasteyrie
Liadouze
Bénech
Rudez
Raymond
Fournol
Lapaule
Bois de Joubert
Bois del Bert
Bois Grand
0
1 km
Carte IGN 2435
GR 4
GR 400
N 122
D 67
D 17
D 217
D 559
1
2
3
4
5
6

Le sentier GR® 400
boucle de la Vallée de la Cère

▶ Les randonneurs parcourant le *Tour du Volcan Cantalien* dans sa totalité doivent utiliser cette boucle jusqu'au col de Combenègre.

De Super-Lioran au col de Font-de-Cère 1,5 km 20 mn

A Super-Lioran : (*au Lioran, 1,5 km*)

Au col de Font-de-Cère :

▶ Le GR® 4 et la boucle sont communs jusqu'au col de Combenègre.

1 Sur la prairie de **Super-Lioran** (1240 m), se diriger à l'Ouest. Passer à droite de la patinoire et du télésiège de La Prairie pour emprunter une passerelle qui enjambe la D 67. A droite, trouver la piste Nicolas qui rejoint dans un lacet la route impériale. L'emprunter à gauche jusqu'au col de **Font-de-Cère** (1289 m).

Du col de Font-de-Cère au col de Combenègre 1,5 km 45 mn

2 Au col de **Font-de-Cère**, partir à droite de la maison. Le chemin (piste de ski au départ) grimpe en forêt, retrouve la piste de ski, puis atteint les pâturages. Se diriger vers l'arrivée d'un télésiège et monter à gauche pour arriver à une clôture en ligne de crête, au **col de Combenègre** (1530 m). Franchir la clôture.

▶ Séparation du GR® 4 qui part à droite vers le puy Mary. Jonction avec la boucle *Vallée de la Jordanne*. Les deux boucles sont communes à gauche jusqu'au col du Pertus.
▶ Les randonneurs parcourant le *Tour du Volcan Cantalien* dans sa totalité, doivent utiliser la boucle *Vallée de la Jordanne* à droite jusqu'au pas de Peyrol (voir page 45).

Du col de Combenègre au col du Pertus 6,5 km 2 h 15

3 Après la clôture, au **col de Combenègre**, obliquer à gauche au Sud-Ouest. Passer au Nord du puy Griou.

4 Se diriger au Sud en contournant le puy par la droite. Entrer dans la forêt, passer le col du Gliziou et déboucher sur la D 317 au **col du Pertus** (1309 m).

▶ Juste avant le col : Séparation de la boucle *Vallée de la Jordanne* qui descend à droite à Mandailles.

Du col du Pertus à la crête sous l'Elancèze 1,5 km 45 mn

▶ Les randonneurs parcourant le *Tour du Volcan Cantalien* dans sa totalité doivent utiliser cette boucle jusqu'au Plomb du Cantal.

5 Au **col du Pertus**, couper la route et s'engager, au Sud-Ouest, sur un sentier sous bois *(vestiges de piège à loups)* qui mène à la **crête sous l'Elancèze** (1491 m).

St-Jacques-des-Blats
Thiézac
Lagoutte
GR 400
0
1 km
Cartes IGN 2435
2436
L C A N S D A U V E
Col de Bellecombe
l'Elancèze
le Roc du Chauve
le Courpou Sauvage
Puy de la Poche
Col de Chèvre
Puy Gros
Puy de la Cède
Puy Brune
Col de la Pourtoune
Bois del Bert
Bois de Tête
Bois de Neyrevèze
Chaos de Casteltinet
Pas de Compaing
le Pas du Roc
le Pont de Pierre
Croix d'Imbiquerou
N 122
D 59
D 559
Lasmolineries
la Raissonnière
la Bartassière
Larivière
Lagat
Trielle
Malbec
le Clout
la Bastide
la Jarrige
le Bos
la Gauchère
Armandie
Vidalenche
Compaing
Tourcy
Blats-Bas
les Colombes
Manhes-Bas
Manhes-Haut
Grandcombe
les Pialottes
Niaucel
les Marios
Ascout
Triboulan
Vacherie de la Poche
Vacherie de la Borie Haute
Neyrevèze
Asprats
le Cher
Antérieux
le Croizet
Lafont
Ferme de Malgrat
Buron de Malgrat
la Montagne du Prat
la Tuillière
Buron
la Molède
le Becquet
Casteltinet
les Ponty
Combes
Confolens
Grotte des Ermites
N.D. de Consolation
Vaurs
Rivière
le Puy du Bondieu
la Gardette
Roucolle
Sagnoubert
Guitard
la Borie
Moulet
Muret
le Theil
Haute
Labro
Basse
Serry
Buron de Sedous
Fumade Vieille
Niercombe
Burons de la Chambe
Vacherie de Flamandèche
Vacherie d'Encloux
Vacherie de la Fouillarade
Vacherie du Siniq
Burons des Blats
la Montagne de Marfonds
la Montagne de Boudieu
la Montagne du Castagnaire
la Montagne de Capat
le Suquet
St-Jacques
les Davines
les Grouffaldes
la Vixière
Laborie del Suc
les Bournious
Ferval
Buron de Ferval
le Plo
Buron de Pranadag
Fonjouquet
Rueyre
les Chiniardes
Moulin
Arrêt
Puech Bernis
Vacherie de la Barrassière
Vacherie de Braqueville
Vacherie de Faillitoux
Casc. de Faillitoux
6 7 8 9 10 11 12 13 14 15

De la crête sous l'Elancèze au puy de la Poche

1,2 km 25 mn

6 A la **crête sous l'Elancèze**, longer la clôture à gauche (Sud) et accéder au **puy de la Poche** (1500 m).

Du puy de la Poche au Clou

3 km 1 h

Au Clou :

7 Du **puy de la Poche**, poursuivre vers le Sud-Ouest et arriver à une intersection.

8 Tourner à gauche (Est) et passer devant la vacherie de la Poche (1377 m). Continuer dans la prairie en gardant la même direction pour arriver sur un chemin. Descendre jusqu'à une petite route au-dessus du hameau du **Clou** (1098 m). L'emprunter à droite.

Du Clou à Trielle

1 km 15 mn

A Trielle :

9 Laisser **Le Clou** à gauche et continuer par la route jusqu'au hameau de **Trielle** (1090 m).

De Trielle à Thiézac

1 km 30 mn

A Thiézac :

10 En face du gîte de **Trielle**, tourner à gauche, traverser la prairie et retrouver un sentier qui plonge dans un bois. Passer devant la grotte des Ermites, près d'une chapelle, continuer la descente et gagner **Thiézac** (806 m).

De Thiézac à Lafont

3 km 1 h

A Lafont :

A **Thiézac**, suivre la rue principale jusqu'à l'office de tourisme et descendre vers la Cère.

11 Franchir le pont à droite et prendre la route à gauche. Passer sous la N 126. Bifurquer à gauche, traverser le hameau de La Tour, puis monter à gauche jusqu'à Lagoutte. A la sortie du hameau, passer sous la voie ferrée.

12 Suivre la route à gauche sur quelques mètres, puis s'engager à droite sur un chemin qui monte dans un chaos rocheux. Il traverse deux clairières puis rejoint le pied de la falaise, en laissant un chemin qui descend à gauche. Le GR® continue en contrebas de la falaise, puis oblique à gauche en forêt.

► Le passage est dangereux si l'on continue en contrebas de la falaise.

Au sortir de la forêt, déboucher dans un pré. Enjamber le ruisseau et atteindre **Lafont** (980 m).

GR 400
le Lioran
Gare
Font d'Alagnon
Col de Font de Cère
Font de Cère
Puy de Massebœuf
Super-Lioran
LIORAN
Puy Griou
Fromagerie du Griou
les Chazes
Vacherie du Griou
Puy de l'Usclade
Col du Gliziou
Bois de Joubert
Tunnels
Bois des Carbonnières
C A N T A L
Veyrière
Buron de Veyrière
Buron des Gardes
Vduc de Saguissouze
les Tournels
Hautes
les Boissines
Basses
Séries
Couperie
les Gardes
Bois de la Pierre du Loup
PLOMB DU CANTAL
Vduc de Delbarat
Bois Grand
Buron de Pranadag
St-Jacques-des-Blats
Ferval
Buron de Ferval
Puy Brunet
Col de la Pourtoune
Bois del Bert
la Vixière
Laborie del Suc
D A U V E
St Jacques
les Davines
les Grouffaldes
Rau de Labouissonade
Buron de Sedous
Puy de la Cède
Fumade Vieille
Captage
les Bournious
Niercombe
Col de Chèvre
Vacherie de Flamandèche
Vacherie d'Encloux
Bois de Tête
Burons de la Chambe
Puy Gros
Neyrevèze
Asprats
Bois de Neyrevèze
le Croizet
Lafont
Ferme de Malgrat
Casteltinet
Buron de Malgrat
la Montagne du Prat
la Montagne de Marfonds
Croix d'Imbiquerou
Vacherie de la Fouillarade
0 1 km
Cartes IGN 2435 2436
la Montagne du Castognaire
la Montagne de Capat
la Montagne de Boudieu
Vacherie du Siniq
Burons des Blats
la Tuillière
Buron
13
14
15
16

De Lafont au buron de la Tuillière

2,5 km | 1 h30

A La Tuillière : (hébergement sommaire)

13 Emprunter la route goudronnée qui passe à côté du gîte de **Lafont**, puis partir à droite sur un chemin de terre. Suivre ce chemin à travers la forêt jusqu'à un pré. Tourner à gauche pour rejoindre le **buron de la Tuillière**.

Du buron de la Tuillière au col de Chèvre

5 km | 1 h 30

14 Du **buron de la Tuillière**, suivre la crête à gauche (Nord-Est) en direction du Plomb du Cantal, au milieu des herbages. Longer les murets de pierre, puis les clôtures, en lisière d'un bois. Passer au puy Gros *(croix)*. Trouver un large chemin et gagner le **col de Chèvre** (1618 m).

Du col de Chèvre au Plomb du Cantal

3,5 km | 1 h 30

15 Après le **col de Chèvre**, passer au pied du Puy de la Cède et atteindre le col de la Pourtoune (1683 m). De là, continuer au Nord en suivant la ligne de crête. Laisser sur la gauche la barre rocheuse de l'Arpon du Diable (1751 m) et obliquer vers le Nord-Est pour accéder au **pied du Plomb du Cantal**.

Le Plomb du Cantal, situé à 1855 m d'altitude, constitue le point culminant du département. Table d'orientation.

► Jonction avec le GR® 4 qui vient à droite de Saint-Flour et la boucle *Vallée de l'Alagnon*.

► Les randonneurs parcourant le *Tour du Volcan Cantalien* dans sa totalité, doivent utiliser la boucle Vallée de l'Alagnon jusqu'à Murat (voir page 31).

Du Plomb du Cantal à Super-Lioran

5,5 km | 2 h30

A Super-Lioran : *(au Lioran, 1,5 km)*

Du **Plomb du Cantal**, rejoindre la gare supérieure du téléphérique *(café-restaurant)*. Descendre par la crête en direction Nord-Est jusqu'au pas des Alpins.

16 Au pas des Alpins, longer la crête vers le Nord sur 1,5 km, jusqu'à l'Aiguillon. A l'Aiguillon, repartir vers le Sud-Ouest pendant 300 m, puis tourner à droite. Poursuivre le chemin sur 1,5 km jusqu'au Rocher du Cerf, puis amorcer la descente sur la grande prairie de **Super-Lioran** (1240 m).

Un loisir de pleine nature : la chasse

Le massif du Volcan cantalien abrite une multitude d'espèces de faune sauvage.
La diversité des milieux et des reliefs permet de rencontrer diverses espèces de gibier : le gibier migrateur (bécasses des bois, grives, alouettes), le gibier d'eau (bécassines des marais, canards, sarcelles), le petit gibier (lièvres, perdrix rouges, faisans), ainsi que le plus représenté, le grand gibier (chamois, mouflons, chevreuils, cerfs et sangliers).
La chasse est un moyen d'établir dans ce site un équilibre harmonieux (perdu depuis la disparition des prédateurs naturels comme le loup) entre les espèces qui y évoluent et leurs milieux, basé sur une réglementation stricte adoptée de tous.
Chaque année, bon nombre de chasseurs se retrouvent sur les crêtes d'altitude au lever du jour, pour effectuer des comptages d'animaux qui leur permettront de définir des objectifs de prélèvement pour la saison à venir.
Outre le fait d'avoir développé des populations d'espèces pour la chasse, les chasseurs sont aussi à l'origine de la présence de la marmotte, qui ne fait pas partie du gibier.

Bécasse des bois. *Photo R. B.*

Cerf. *Photo R. B.*

Fédération départementale des Chasseurs du Cantal

Gîte de Trielle. *Photo P. S.*

Implantation des villages

Les conditions climatiques ont imposé à l'homme une parfaite connaissance du milieu pour l'implantation des villages.
Dans les vallées orientées Est-Ouest, la population s'installe sur le versant sud l'adret, délaissant l'ubac occupé par la forêt. Par contre, l'exposition ne joue aucun rôle dans les larges vallées glaciaires où les villages s'établissent sur les deux versants (vallée de la Cère ou de la Jordanne), ainsi que dans les vallées de direction méridienne (vallée de la Santoire).
L'homme évite de s'installer sur le fond humide des vallées glaciaires (gelées et brouillard y sont fréquents) et préfère s'adosser aux moraines qui dominent les vallées, les talus d'éboulis, les lieux abrités et ensoleillés des bordures de plateaux.

Les villages cantaliens s'apparentent à un ensemble de maisons, de granges, de hangars sans organisation particulière.
L'agglomérat on s'est constituée le plus souvent autour de l'église, la chapelle ou le " couderc ", (place regroupant les édifices communaux).
Certains villages semblent s'être agencés autour de " barriades " (alignements sous le même toit de plusieurs maisons ou granges), principalement dans la zone du Massif (Rudez, Thiézac)
Comme le village, la maison offre sa façade principale au midi ou au soleil levant. Adossée à un talus ou enfoncée à demi dans la pente, elle s'abrite des vents du Nord et bénéficie du maximum d'ensoleillement.

PUY DE PEYRE ARSE
PUY MARY
FORÊT DU LIORAN
LIORAN
Super-Lioran
le Lioran
PLOMB DU CANTAL
Puy Griou
Puy de l'Usclade
Puy Chavaroche
Mandailles St Julien
Mandailles
Larmandie
St-Julien-de-Jordanne
Col de Cabre
Puy Bataillouse
Roches de Vassivière
Col de Rombière
Col de Font de Cère
Col du Glizioü
Col de Redondet
Cirque du Falgoux
Roche Taillade
Brèche de Rolland
les Fours de Peyre Arse
Rombière
Font de Cère
Font d'Alagnon
les Chazes
Liadouze
Rudez
Bénech
Raymond
le Mas
les Gardes
GR 400
GR 4
0
1 km
Carte IGN 2435
1
2
3
4
5
6
7
8
9
10

Le sentier GR® 400

boucle de la Vallée de la Jordanne

De **Mandailles** au **col du Pertus** — 4 km — 1 h 40

A Mandailles :

1 A **Mandailles** (924 m), passer la Jordanne. A 50 m, prendre à gauche la route de Liadouze. À 300 m, au Mas, quitter la route à droite pour suivre le chemin qui monte vers la gauche.

2 Au carrefour, tourner à droite et passer une grange. A 50 m, virer à droite et rejoindre un sentier qui conduit à la grange du Tal.

3 Avant la grange, prendre le chemin qui monte à gauche en lisière, puis la D 317 à gauche sur 150 m, tourner à gauche dans le chemin sur 400 m et revenir à droite en surplomb de la route jusqu'aux abords du **col du Pertus** (1309 m, *jonction avec la boucle Vallée de la Cère qui vient à droite de Thiézac*).

▶ Les randonneurs parcourant le *Tour du Volcan Cantalien* dans sa totalité doivent utiliser la boucle Vallée de la Cère à droite jusqu'au Plomb du Cantal (voir page 37).

Du **col du Pertus** au **col de Combenègre** — 6,5 km — 2 h 15

4 Près du **col du Pertus**, aller au Nord-Est. Passer au col du Gliziou, puis contourner le puy Griou par l'Ouest. Poursuivre en direction du Nord-Est pour arriver au **col de Combenègre** (1530 m).

▶ Jonction avec le GR® 4 qui vient à droite de Super-Lioran. Les deux GR® sont communs jusqu'au pas de Peyrol. Séparation de la boucle *Vallée de la Cère* qui descend à droite à Super-Lioran.

Du **col de Combenègre** au **col de Rombière** — 500 m — 10 mn

▶ Les randonneurs parcourant le *Tour du Volcan Cantalien* dans sa totalité doivent utiliser cette boucle jusqu'au pas de Peyrol.

5 Au col de **Combenègre**, obliquer à gauche et rejoindre le **col de Rombière** (1550 m).

Du **col de Rombière** au **col de Cabre** — 1 km — 15 mn

6 Du **col de Rombière**, traverser le flanc Ouest du puy Bataillouze jusqu'au **col de Cabre** (1528 m).

Du **col de Cabre** au **pas de Peyrol** — 4,5 km — 2 h

Au pas de Peyrol :

7 Au **col de Cabre**, suivre en face une sente qui passe à flanc du Peyre Arse et rejoint la crête. Franchir la brèche de Rolland (passage *délicat*), gravir le puy Mary (1783 m) et descendre au **pas de Peyrol** (*1588 m, le pas de Peyrol est impraticable de novembre à juin*).

PUY MARY
Puy Chavaroche
Puy d'Orset
Roche Taillade
Cirque du Falgoux
B. Abbatial
la Roche Noire
Pas de Peyrol
Col d'Eylac
Brèche de Rolland
les Fours de Peyre Arse
Col de Redondet
la Chapeloune
Puy de l'Usclade
Col du Gliziou
Bois de Joubert
Puy de Bassiérou
Rocher de Combières
Commune de Mandailles St Julien
Mandailles
Larmandie
le Mas
St-Julien-de-Jordanne
la Bastide
le Fau
Col de Legal
la Montagne de Rangouze
Bois Noir
GR 400
GR 4
Hors GR
7
8
9
10
11
12
13
0
1 km
Carte IGN 2435

▶ Séparation du GR® 4 qui descend à droite. Jonction avec la boucle *Cirque du Falgoux*.
▶ Les randonneurs parcourant le *Tour du Volcan Cantalien* dans sa totalité doivent utiliser la boucle *Vallée du Claux* jusqu'au col sous le suc Gros (voir page 59).

Hors GR pour les burons d'Eylac 2 km 30 mn
Aux burons d'Eylac :
Passer à gauche du café, aller à droite (Est) et suivre la voie romaine qui longe la route en contrebas. Couper la N 680 et continuer la voie. Recouper la route avant un lacet, puis l'emprunter jusqu'aux burons d'Eylac (1423 m). Pour remonter au pas de Peyrol, il faut 45 mn.

Du pas de Peyrol au col de Redondet 2,5 km 45 mn

8 Au **pas de Peyrol**, emprunter la D 17 au Sud. Dans le lacet, poursuivre tout droit (Ouest) sur le chemin qui mène au **col de Redondet** (1640 m).

Du col de Redondet au replat sous le puy de Bassiérou 7,5 km 2 h 15

▶ Les randonneurs parcourant le *Tour du Volcan Cantalien* dans sa totalité doivent utiliser cette boucle jusqu'au col du Pertus.

9 Au **col de Redondet**, prendre à gauche le sentier qui monte au cairn du puy Chavaroche. Descendre à droite vers un replat (1620 m), puis, à flanc, rejoindre la ligne de crête et gagner Le Piquet (1550 m).

10 S'orienter au Sud-Ouest et, dans une zone rocheuse, suivre le versant Nord de la crête. Descendre sur les burons restaurés de Cabrespine, les dépasser et obliquer à droite pour rejoindre un chemin qui monte de la vallée. Le prendre à gauche sur 2 km jusqu'au **replat sous le puy de Bassiérou** (1340 m).

Hors GR pour le col de Legal 1,3 km 20 mn
Au col de Légal :
Continuer (Ouest) sur le chemin qui descend à la vacherie de Legal puis au col (1231 m).

Du replat sous le puy de Bassiérou à St-Julien-de-Jordanne 4 km 1 h

A Saint-Julien-de-Jordanne :

11 Au **replat sous le puy de Bassiérou**, tourner à gauche dans la prairie et suivre une trace peu visible pour franchir la crête. Trouver un large chemin en contrebas d'un buron en ruine.

12 Descendre dans la hêtraie, passer sous une falaise et près d'un réservoir. Poursuivre à gauche, à flanc, suivre le chemin dans le bois, franchir le ruisseau d'Aubusson, on arrive sur un chemin carrossable qui passe près de la ferme de la Reveilladie. Un chemin empierré à flanc de montagne conduit par Laveissière à la D 46 et, de là, à **Saint-Julien-de-Jordanne** (893 m).

De Saint-Julien-de-Jordanne à Mandailles 1,5 km 20 mn

A Mandailles :

13 Ne pas entrer dans **Saint-Julien-de-Jordanne**, mais avant le pont sur la rivière, prendre à gauche la route de La Boudie. Laisser à gauche la route de Felgeadou. Quand la route vire au Nord, suivre à droite le chemin qui mène à Massoubro, puis descendre à **Mandailles**.

La vache Salers

La race de Salers est très ancienne sur le Massif Central. L'enclavement de la région, à l'écart des grandes voies de communication, a préservé cette race des " apports de sang extérieurs ". Son aptitude à la marche, sa résistance aux variations climatiques (son poil frisé est un excellent isolant) ou alimentaires (elle ne consomme que de l'herbe et du foin) définissent sa rusticité, et sont des qualités très appréciées pour la transhumance. Maternelle, la salers n'accepte de donner son lait qu'en présence de son veau. Naguère, les animaux mâles étaient utilisés comme bœufs de travail à travers la France avant de finir en boucherie. Les vaches étaient quasiment toutes utilisées pour la production de fromage de montagne.
Aujourd'hui, avec la mécanisation d'un côté, l'intensification de la production laitière de l'autre, il n'y a plus de traction animale et moins de 10 % des vaches sont traites et leur lait transformé en fromage AOC cantal ou salers et saint-nectaire. Les autres sont utilisées comme vaches nourrices, c'est ainsi que l'on voit les vaches accompagnées de leur veau.
La salers donne une viande rouge et persillée dont les qualités gustatives sont unanimement reconnues par les professionnels de la boucherie et de la grande restauration.
Les qualités de rusticité de la Salers ont entraîné son expansion dans les élevages extensifs à travers la France. De même, elle a été exportée vers vingt-huit pays différents sur les cinq continents.

M. Bonal

Les burons

Si l'on parcourt la montagne, il n'est pas rare de découvrir une construction massive rappelant celle des fours.
Sortant à peine du sol, un toit couvert de grosses lauzes rappelle qu'ils existent encore : les burons.
Situés entre 1100 et 1400 mètres d'altitude, ils représentent les vestiges d'une vie pastorale aujourd'hui disparue, celle des hommes qui vivaient au milieu des troupeaux durant les cinq mois de l'estive. A cette époque, l'équipe des vachers qui partait vivre en montagne était composée du maître vacher, d'un aide appelé le bouteiller et d'un gamin qui jouait le rôle de pâtre. Le buron était alors leur seul et unique habitat durant tout l'été. Le confort y était des plus sommaires car la bâtisse devait être avant tout fonctionnelle : elle comprenait essentiellement une pièce de travail et d'habitat, et une cave. La pièce de travail était celle où se fabriquait le fromage suivant les méthodes traditionnelles, mais également celle où les hommes vivaient et dormaient. La seconde pièce essentielle du buron était la cave où étaient entassées les fourmes attendant de mûrir.
Aujourd'hui, tous sont abandonnés ou presque et leur dégradation est déjà bien avancée. Toutefois ces burons et le mode de vie qu'ils symbolisent ont investi la mémoire collective. Ils sont un des piliers de l'histoire rurale cantalienne, et participent aux paysages du Cantal. Ce sont, avec les puys, les points de repère du randonneur sur le massif.

Buron. *Photo M. M.*

D'après M. F. Christiaen

Vaches salers. *Photo H. B. S.*

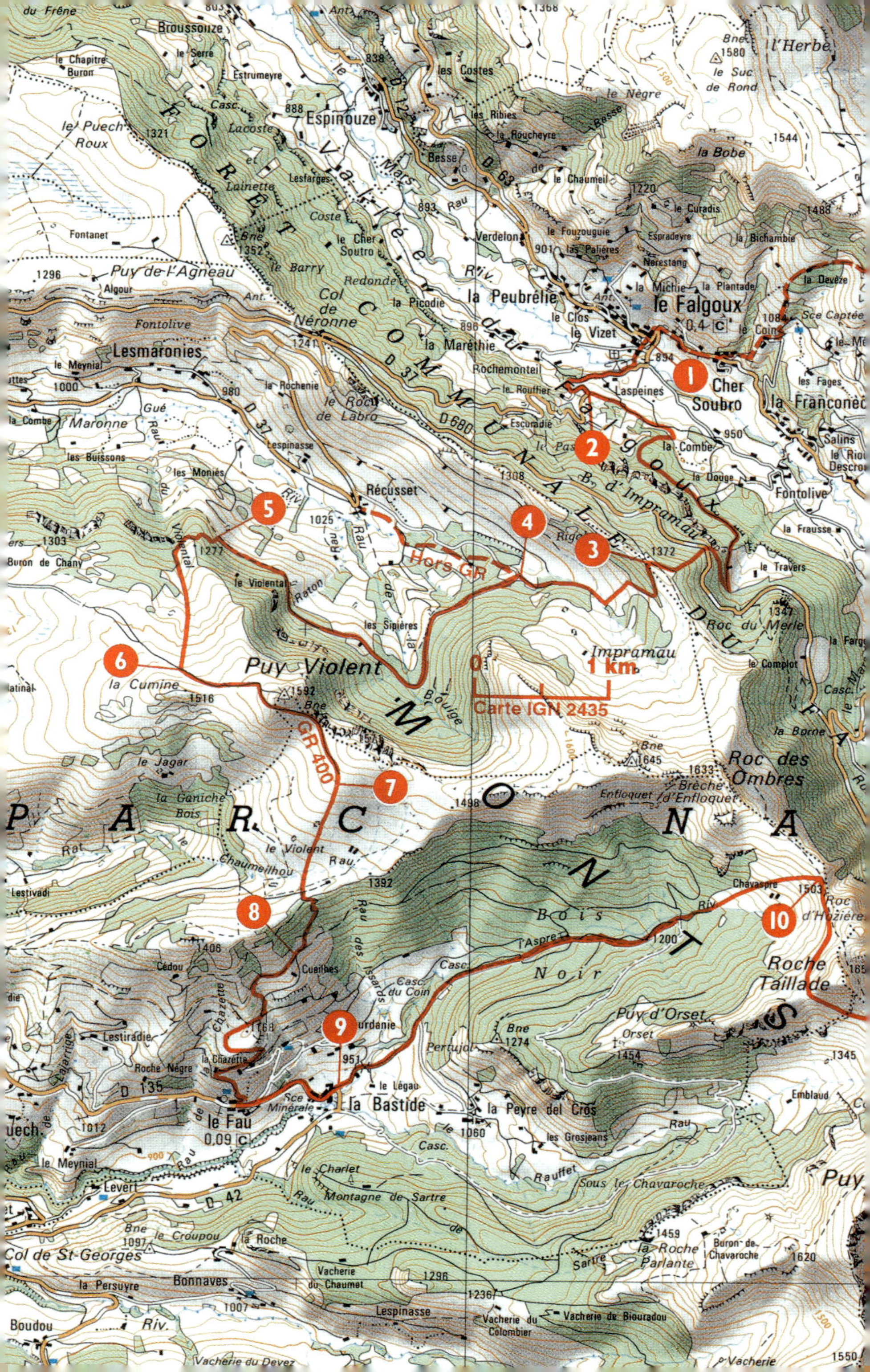

1
2
3
4
5
6
7
8
9
10
Hors GR
GR 400
0
1 km
Carte IGN 2435
le Falgoux
la Peubrélie
Cher Soubro
la Franconèche
Lesmaronies
Récusset
Puy Violent
Impramau
Roc des Ombres
Roche Taillade
Puy d'Orset
la Bastide
le Fau
Espinouze
Broussouze
le Puech Roux
Puy de l'Agneau
Col de Néronne
le Roc de Labro
le Violental
les Sipières
la Cumine
le Jagar
Roc du Merle
Bois Noir
le Violent
Cueilhes
Lestiradie
Roche Nègre
la Peyre del Cros
Montagne de Sartre
Col de St-Georges
Bonnaves
la Roche Parlante
Buron de Chavaroche
Vacherie du Chaumet
Lespinasse
Vacherie du Colombier
Vacherie de Biouradou
Vacherie du Devez
Boudou
la Persuyre
Levert
le Meynial
Emblaud
Fontolive
la Combe
la Douge
le Travers
la Frausse
Salins
Verdelon
les Costes
Besse
la Bobe
le Suc de Rond
l'Herbe
la Devèze
FORÊT COMMUNALE DU FALGOUX
Vallée du Mars
PARC DES MONTS

Le sentier GR® 400

boucle du cirque du Falgoux

Du Falgoux à Impramau — 5,5 km — 3 h

Au Falgoux :

1 Passer derrière l'église du **Falgoux** (900 m) et, à gauche de la poste, tourner à droite puis à gauche. Dans le bas du village, s'engager à droite sur le sentier qui franchit la rivière le Mars et mène au camping. Longer la rivière à gauche, puis emprunter la route à droite. Laisser à droite la voie qui mène au Rouffier.

2 Dans un virage, poursuivre tout droit sur un chemin qui monte dans la hêtraie. Couper la D 680, puis accéder à la crête, au lieu-dit **Impramau** (1372 m).

D'Impramau à la route forestière — 1,5 km — 30 mn

3 Sur la crête à **Impramau**, longer la clôture à droite, puis suivre vers le Sud la lisière du bois. Franchir un muret de pierres, puis le longer vers la gauche (zone humide). Au bas de la descente, bifurquer à droite et continuer par le chemin qui rejoint une **route forestière**.

Hors GR pour Récusset — 1 km — 15 mn

A Récusset :

Suivre la route forestière à droite et gagner le hameau (1044 m).

De la route forestière au Fau — 9,5 km — 3 h 15

Au Fau :

4 Prendre la **route forestière** à gauche sur 3 km.

5 S'engager à gauche sur un chemin qui grimpe au buron du Violental, puis s'élever droit au Sud, vers le sommet de la Cumine.

6 Au pied de la Cumine, emprunter à gauche la route pastorale. Elle passe au pied du puy Violent (1592 m) en le contournant sur la droite. Longer un coral puis une clôture sur la droite.

7 Franchir la clôture *(bien refermer le passage à cause des troupeaux)* et descendre vers le Sud en direction d'un buron en ruines. Poursuivre la descente vers la droite pour retrouver un muret de pierres. Le longer jusqu'au ruisseau de Chaumailhou. Remonter tout droit jusqu'à la limite du bois de hêtres. Trouver un chemin qui descend dans la forêt jusqu'au buron de Cueilles.

8 Laisser le buron sur la gauche, longer la clôture, tourner à gauche et rejoindre un chemin à droite. Quitter le chemin pour traverser des fougères. Passer derrière deux maisons et descendre au hameau du **Fau** (986 m).

Carte IGN 2435
1 km
GR 400
GR 4
Hors GR
Puy Violent
PUY MARY
Pas de Peyrol
Puy de la Tourte
Roc des Ombres
Roche Taillade
Cirque du Falgoux
Route des Italiens
la Plaine Mary
Suc Gros ou le Peylat
le Fau
la Bastide
le Cher Soubro
la Chaze
Récusset
Col d'Eylac
Col de Redondet
Brèche de Rolland
Brèche d'Enfloquet
Impramau

Du Fau à la ligne de crête

5 km | 1 h 40

Au hameau du **Fau**, prendre la route en direction de La Bastide. Traverser le village.

9 Au pont, quitter la route et poursuivre tout droit vers le bois Noir. Continuer par la piste forestière. Franchir un portail et aller jusqu'au ruisseau. Enjamber l'Aspre et utiliser le chemin jusqu'à la sortie du bois. Traverser la montagne de Chavaspre, en passant au buron du même nom, puis grimper jusqu'à la **ligne de crête** (1503 m).

De la ligne de crête au col de Redondet

2 km | 30 mn

10 En arrivant sur la **ligne de crête**, tourner à droite et passer à l'Ouest du Roc d'Hozières.
Le sentier longe le flanc de la Roche Taillade et rejoint une clôture. La longer en gardant la direction Sud-Est, jusqu'au **col de Redondet** (1640 m).

► Jonction avec la boucle *Vallée de la Jordanne* qui vient à droite de Saint-Julien-de-Jordanne. Les deux boucles sont communes jusqu'au pas de Peyrol.

► Les randonneurs parcourant le *Tour du Volcan Cantalien* dans sa totalité doivent utiliser la boucle *Vallée de la Jordanne* à droite jusqu'au col du Fertus (voir page 47).

Du col de Redondet au pas de Peyrol

2,5 km | 45 mn

Au pas de Peyrol :

11 Au **col de Redondet**, prendre le sentier à gauche (Est). Il rejoint la D 17 dans un virage en épingle à cheveux. Poursuivre tout droit par la route qui monte au **pas de Peyrol** (1588 m).

► Le pas de Peyrol est impraticable de novembre à juin.

Hors GR pour les burons d'Eylac

2 km | 30 mn

Aux burons d'Eylac :

Passer à gauche du café-restaurant, aller à droite (Est) et emprunter la voie romaine qui longe la route en contrebas. Couper la N 680 et continuer sur la voie. Recouper la route avant un lacet, puis l'emprunter jusqu'aux burons d'Eylac (1423 m). Pour remonter au pas de Peyrol, il faut 45 mn.

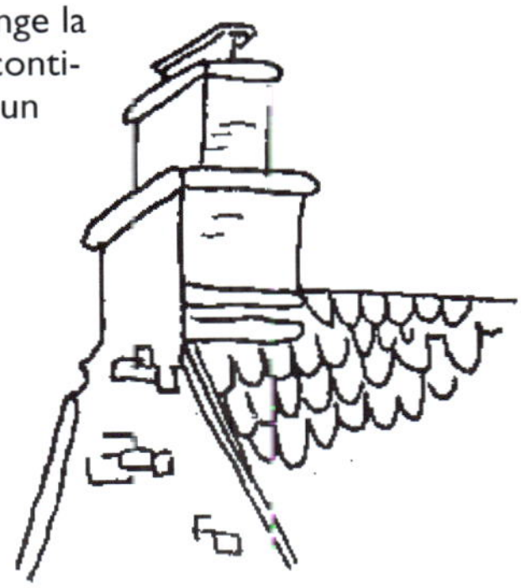

Cheminée typique.

0
1 km
Carte IGN 2435
le Falgoux
le Cher
Soubro
la Franconèche
le Tahoul
la Chaze
le Luchard
Rocher de l'Aygue
Suc Gros ou le Peylat
Suc de la Blatte
Chaumeil
Chamalières
Roc des Ombres
la Plaine Mary
Puy de la Tourte
Pas de Peyrol
PUY MARY
Brèche de Rolland
Roche Taillade
Puy d'Orset
Col de Redondet
Puy Chavaroche
Cirque du Falgoux
Route des Italiens
B. Abbatial
le Pont des Eaux
Impramau
Bois Mary
GR 400
GR 4
Rudez
1
10
11
12
13
14
15
16
17

► Jonction avec la boucle *Vallée du Claux* qui arrive à droite. Les deux boucles sont communes jusqu'au col sous le suc Gros. Séparation de la boucle *Vallée de la Jordanne* qui grimpe au sommet du puy Mary à droite.

Du Pas de Peyrol au col sous le suc Gros

4 km | 1 h 30

12 Au **pas de Peyrol**, passer à gauche du café-restaurant et monter la sente qui passe à l'Ouest du puy de la Tourte. Continuer en crête vers le Nord, traverser le suc de la Blatte et rejoindre le **col sous le suc Gros** (1509 m).

► Séparation de la boucle *Vallée du Claux* qui descend à droite.

Du col sous le suc Gros au Luchard

3,5 km | 1 h

► Les randonneurs parcourant le *Tour du Volcan Cantalien* dans sa totalité doivent utiliser cette boucle jusqu'au col de Redondet.

13 Après le **col sous le suc Gros**, emprunter vers le Nord une trace horizontale, sur le flanc Ouest du suc Gros. Obliquer à droite pour franchir une brèche. Descendre au large col du Pas-Rouge (1532 m).

14 Continuer la trace qui longe une clôture, à quelques mètres à droite. La trace s'infléchit à gauche pour contourner le Rocher de l'Aygue, puis se perd dans la prairie. Poursuivre alors dans la même direction, puis descendre vers le buron et le muret le plus à gauche. Longer le muret, en trouver un autre dans le prolongement et rejoindre un grand chemin pastoral, au Sud du lieudit **Le Luchard** (1379 m).

Du Luchard au Falgoux

3,5 km | 1 h

15 Au **Luchard**, descendre par le chemin pastoral.

16 A la sortie de la hêtraie, prendre à droite le chemin qui contourne le bois de résineux. Passer le buron de Devèze et un peu plus loin, plonger plein Sud pour retrouver le chemin pastoral.

17 Le descendre à gauche. Passer le hameau du Coin. Poursuivre en cheminant derrière les maisons et gagner Le Cher-Soubro. Emprunter la route à droite et arriver au **Falgoux** (900 m).

Dessin V. F.

L'estive

Tradition toujours vivace à l'aube du 21e siècle, l'estive représente la montée des troupeaux de bovins vers les hauts pâturages de montagne et tire l'origine de son nom de la période estivale pendant laquelle elle se déroule, de mai à octobre.
Premier département français par l'importance de la transhumance bovine (qui concerne quelque 100 000 têtes), le Cantal possède un territoire d'estive de plus de 60 000 ha. Ces hauts pâturages constituent une réalité économique très importante pour l'agriculture cantalienne.
Jusqu'en 1950, la " montade " à l'estive se faisait à pied, et hommes et bêtes cohabitaient cinq mois durant. Le vacher, aidé du " bouteiller " , était chargé de la traite et de la fabrication du fromage (deux fois par jour) dans les burons, qui servaient également d'hébergement pour les hommes. Le pâtre, quant à lui, s'occupait de la garde du troupeau.
Aux premiers signes du retour de l'hiver, la " dévalade " voyait les troupeaux redescendre vers les plaines.
Toutes les estives étaient alors utilisées par les vaches pour la production de fromages. Depuis, ce mode d'exploitation a quasiment disparu, et ce sont désormais des troupeaux de vaches laitières et de génisses qui pâturent sur ces hauts plateaux.

Marcel Besombes

Photo R. B.

Le Cantal, fromage de caractère

Fier de son Appellation d'origine contrôlée, le cantal est le fruit d'un inimitable savoir-faire qui se transmet de génération en génération, dans le pur respect de la tradition, au travers de gestes précis qui se répètent depuis toujours.

Trois étapes sont nécessaires à la fabrication de sa pâte :

- Le pressage, pour commencer, au cours duquel la tome est pressée deux fois. C'est ce deuxième pressage qui donnera au cantal sa forme, ses rondeurs et sa tenue.
- Vient ensuite le broyage : après une longue maturation, la tome est brisée en petits grains. C'est ce broyage qui procure à la pâte du cantal sa souplesse et sa texture particulière, fondante en bouche.
- Enfin le salage dans la masse : broyée, la tome est salée à la main en pratiquant de lents brassages successifs. Le mélange est alors laissé au repos une à deux heures pour permettre une répartition bien homogène.

Alors peut commencer le lent processus d'affinage qui, selon sa durée, permettra au Cantal d'acquérir trois niveaux de goût :

- A partir de trente jours d'affinage, c'est le cantal " jeune ". Sa croûte est fine, sa pâte couleur d'ivoire, et son goût lacté et doux.
- Entre deux et six mois, le cantal est appelé " entre-deux ". Sa croûte est boutonnée d'or et son goût plus marqué, épanoui.
- Au-delà de six mois, c'est le Cantal " vieux ". Parsemée de fleurs rouges-orangées, sa croûte est épaisse et sa pâte plus foncée. Son goût est bien prononcé, et son caractère bien affirmé.

Affinage du Cantal. *Photo P. S.*

le Claux
Puy Mary
Puy de Peyre Arse
Pas de Peyrol
Col d'Eylac
Col de Serre
Suc Gros ou le Peylat
Puy de la Tourte
Bois Mary
Brèche de Rolland
Col de Cabre
Puy Bataillouse
Chamalières
Eybes
Lapeyre
Lascourt
Rudez
Rombière
GR 400
GR 4
1
2
3
4
5
6
0
1 km
Carte IGN 2435

Le sentier GR® 400

boucle de la Vallée du Claux

Du Claux au col sous le suc Gros

7,5 km | 2 h 40

Au Claux :

1 A partir du camping du **Claux** (1040 m), prendre la route à gauche puis, avant un lacet, le chemin à droite. Passer La Vialle, le ruisseau de la Blatte et tourner à droite. Emprunter la route à gauche puis , après le pont, la D 62 à droite. A Lapeyre, aller à gauche. Après le bois, gagner l'étang de Lascourt.

2 Prendre la route à gauche. Passer Lascourt puis Les Chaumillous et entrer dans le bois de la Bragouse. Traverser les clairières. Contourner une zone marécageuse pour trouver un sentier qui grimpe et rejoint une voie forestière. Prendre à gauche puis à droite pour atteindre la lisière supérieure. Longer une rangée d'arbres en montant, gagner les ruines de Ricou-la-Mouche et suivre une piste à droite. Tourner à gauche pour accéder à la crête, au **col situé sous le suc Gros** (1509 m).

► Jonction avec la boucle Cirque du Falgoux qui vient de la droite. Les deux boucles sont communes jusqu'au pas de Peyrol.

► Les randonneurs parcourant le Tour du Volcan Cantalien dans sa totalité doivent utiliser la boucle Cirque du Falgoux à droite jusqu'au col de Redondet (voir page 55).

Du col sous le suc Gros au pas de Peyrol

4 km | 1 h 40

Au pas de Peyrol :

3 Du **col sous le suc Gros**, suivre au Sud une sente qui monte au suc de la Blatte. Continuer au Sud, laisser le puy de la Tourte à gauche et arriver au **pas de Peyrol** (1588 m ; jonction avec le GR® 4, le GR® 4 et la boucle sont communs jusqu'après le col de Serre).

Du pas de Peyrol aux burons d'Eylac

2 km | 30 mn

Aux burons d'Eylac :

► Les randonneurs parcourant le Tour du Volcan Cantalien dans sa totalité doivent utiliser cette boucle jusqu'au col sous le suc Gros.

4 Au **pas de Peyrol**, passer à gauche du café-restaurant, tourner à droite pour emprunter la voie romaine qui longe la route en contrebas. Couper la N 680 et continuer sur la voie en dominant la route. La recouper avant un lacet, puis la prendre jusqu'aux **burons d'Eylac** (1423 m).

Des burons d'Eylac au Claux

8,5 km | 2 h 10

Au Claux :

5 Après les **burons d'Eylac**, suivre la route à gauche sur 600 m, puis entrer dans la prairie à gauche. Longer la crête jusqu'au col de Serre. Couper la D 62 et prendre un chemin caillouteux. Laisser à gauche la plate-forme des deltaplanes (séparation du GR® 4).

6 Plonger à gauche dans le bois, puis emprunter la route à gauche pour atteindre **Le Claux** (1040 m).

Un bref aperçu du Pays de Saint-Flour et de Ruynes-en-Margeride

En arrivant de Clermont-Ferrand, du col de la Fageole, la ville de Saint-Flour, perchée sur son promontoire de basalte, apparaît comme une vraie ville au cœur d'une vaste région dont elle est le centre, Ruynes-en-Margeride en étant un centre secondaire.

A l'Ouest, " la Planèze ", la vraie, celle de Saint-Flour (en effet, la précision n'est nécessaire que lorsque l'on veut évoquer celles de Pierrefort ou de Salers par exemple) se présente comme un vaste et haut plateau basaltique en pente régulière depuis le pied du volcan jusqu'au bord de la coulée. D'environ 1100 m jusqu'à 900 m à Saint-Flour, s'étale un vaste plateau surmonté seulement par quelques " puys " ou " puechs ", le tout étant dominé à l'Ouest par la " montagne " du plomb. Sur ce relief monotone en butte à un climat assez sec, mais contrasté (chaud l'été, froid l'hiver), s'abritent les bourgs et les villages : Villedieu, Tanavelle, Les Ternes ; leur existence est soulignée par la présence d'arbres : frênes, tilleuls. Les cours d'eau rares, les vallées peu profondes plongent brutalement en direction de l'Alagnon ou de la Truyère. Autrefois terre à céréales et à lentilles, la Planèze reste aujourd'hui très largement orientée vers les productions animales (bovins à viande, et élevage laitier pour la production des fromages bien connus de la région : cantal, tomme, bleu).

A l'Est, la Margeride est un ensemble montagneux qui s'étend des rives de l'Alagnon au mont Lozère, entre les

La ferme de Pierre Allègre à Loubaresse. *Photo E. M.*

vallées de l'Allier et de la Truyère. Cette échine longue et lourde de sommets aplanis comme le mont Mouchet ou le mont Chauvet est parsemée d'énormes blocs de granit aux arêtes adoucies, elle est recouverte en grande partie de forêts de pins et de sapins abritant de rares villages secrets des vents froids qui pendant l'hiver font tourbillonner le manteau neigeux. L' " étage " inférieur des bassins en alvéoles de Vabres ou de Ruynes reste le domaine des champs et des prairies, parsemés de villages aux impressionnantes structures de pierre et de lauze. L'agriculture, pourtant peu favorisée par des sols minces sur des roches cristallines et par un climat à tendance continentale plutôt froid et sec, y est encore bien vivante. Entre ces deux ensembles physiques et humains de part et d'autre des gorges de la Truyère, l'altitude est moins élevée. Les très anciennes relations commerciales avec les négociants en textile du Languedoc, la transhumance des ovins ont disparu. La circulation est devenue plus facile grâce aux évolutions successives des voies de communication (chemin de fer supplantant la route à la fin du 19e, et, plus récemment, construction de l'autoroute A 75). Les centrales électriques sur le Bès et sur la Truyère ont, à leur tour, favorisé une certaine industrialisation (métallurgie à Saint-Chély).

La polarisation des activités autour de Saint-Flour devrait contribuer à resserrer les liens du tissu régional.

J. Meyroneinc

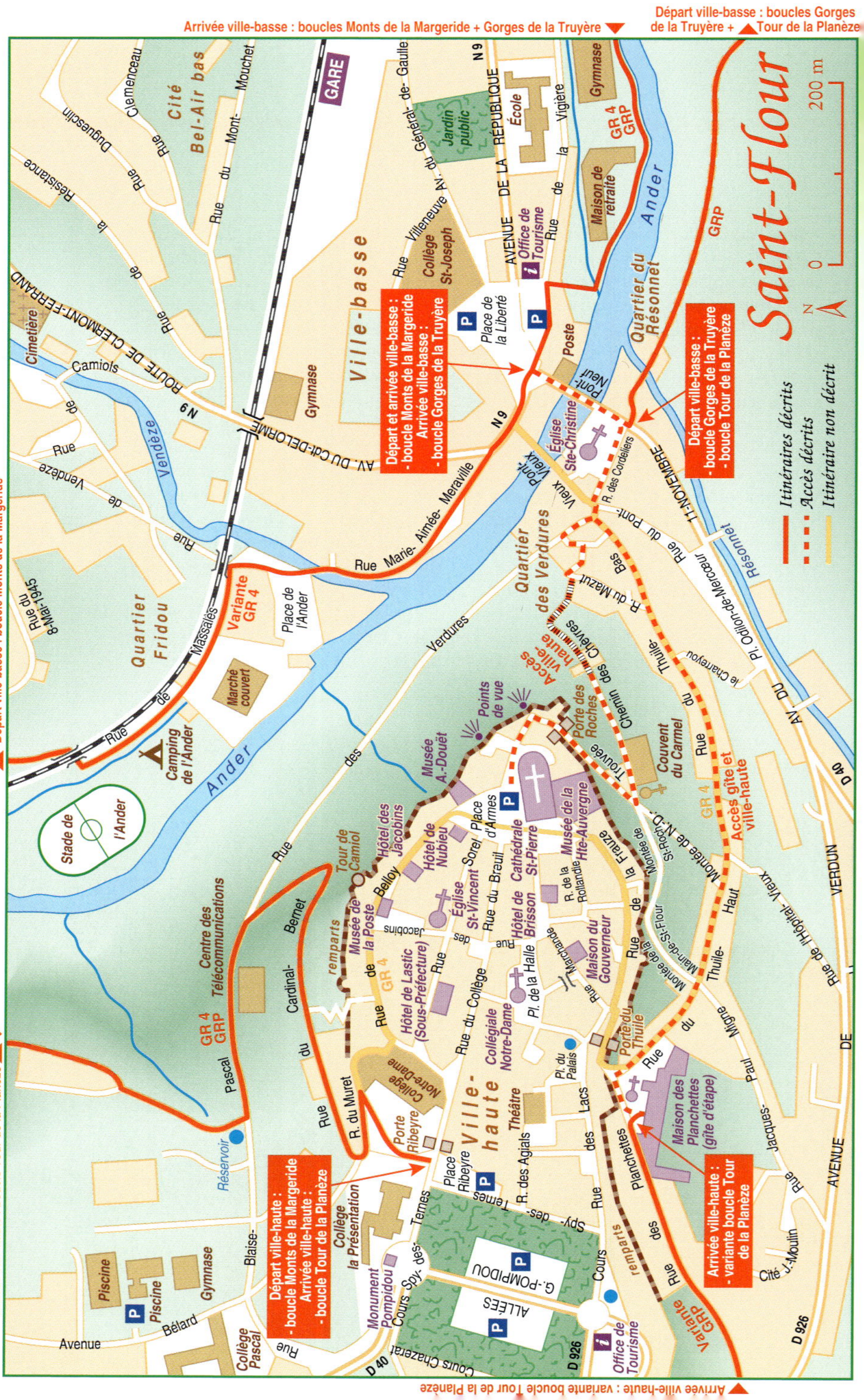

Arrivée ville-basse : boucles Monts de la Margeride + Gorges de la Truyère
Départ ville-basse : boucles Gorges de la Truyère + Tour de la Planèze
Départ ville-basse : boucle Monts de la Margeride
Départ ville-haute : boucle Monts de la Margeride
Arrivée ville haute : boucle Tour de la Planèze
Arrivée ville-haute : variante boucle Tour de la Planèze
Saint-Flour
0
200 m
N
Itinéraires décrits
Accès décrits
Itinéraire non décrit
GARE
Ville-basse
Ville-haute
Quartier Fridou
Quartier des Verdures
Quartier du Résonnet
Cité Bel-Air bas
Départ et arrivée ville-basse : - boucle Monts de la Margeride Arrivée ville-basse : - boucle Gorges de la Truyère
Départ ville-basse : - boucle Gorges de la Truyère - boucle Tour de la Planèze
Départ ville-haute : - boucle Monts de la Margeride Arrivée ville-haute : - boucle Tour de la Planèze
Arrivée ville-haute : - variante boucle Tour de la Planèze
Accès ville-haute
Accès gîte et ville-haute
Variante GR 4
Variante GRP
GR 4 GRP
GRP
GR 4
Ander
Vendèze
Résonnet
Office de Tourisme
Poste
Place de la Liberté
Collège St-Joseph
Jardin public
École
Gymnase
Maison de retraite
Église Ste-Christine
Pont-Neuf
Vieux Pont
Marché couvert
Place de l'Ander
Camping de l'Ander
Stade de l'Ander
Centre des Télécommunications
Réservoir
Piscine
Collège Pascal
Collège la Présentation
Monument Pompidou
Allées G.-Pompidou
Cours Spy-des-Ternes
Cours Chazerat
Place Ribeyre
Porte Ribeyre
Collège Notre-Dame
Théâtre
Collégiale Notre-Dame
Pl. de la Halle
Pl. du Palais
Hôtel de Lastic (Sous-Préfecture)
Musée de la Poste
Tour de Camiol
Hôtel des Jacobins
Hôtel de Nubieu
Église St-Vincent
Hôtel de Brisson
Cathédrale St-Pierre
Musée de la Hte-Auvergne
Maison du Gouverneur
Musée A.-Douët
Points de vue
Porte des Roches
Couvent du Carmel
Porte du Thuile
Maison des Planchettes (gîte d'étape)
remparts
Cimetière
Avenue de la République
Av. du Général-de-Gaulle
Rue Villeneuve
Rue de la Vigière
Route de Clermont-Ferrand
Av. du Cdt-Delorme
Rue Marie-Aimée-Méraville
Rue des Verdures
Rue de Massalès
Rue du Mont-Mouchet
Rue de la Résistance
Rue Duguesclin
Rue Clemenceau
Rue du 8-Mai-1945
Rue de Vendèze
Rue Camiols
Rue du Cardinal-Bernet
Rue Pascal
Rue Blaise-Pascal
Avenue Bélard
Rue du Muret
R. du Muret
Rue de Belloy
Rue des Jacobins
Rue Sorel
Rue du Breuil
Rue du Collège
R. des Agials
Rue des Lacs
Rue des Planchettes
Rue de la Frauze
Rue Marchande
R. de la Rollandie
Place d'Armes
Chemin des Chèvres
Rue du Thuile-Bas
R. du Mazut
Rue du Pont-Vieux
R. des Cordeliers
Rue du 11-Novembre
Pl. Odilon-de-Mercœur
Av. du Verdun
Rue de l'Hôpital-Vieux
Rue du Thuile-Haut
Montée de N.-D.
Montée de St-Roch
Montée de St-Flour
Rue Paul-Jacques-Mique
Avenue de Verdun
Rue J.-Moulin
Cité J.-Moulin
le Charreyou
Trouvée
N 9
D 40
D 926

Saint-Flour, capitale historique de la Haute-Auvergne

La ville de Saint-Flour, forteresse accrochée, dans un site rude et contraignant au rebord d'une coulée sombre dégage une vision un peu mystérieuse. Les deux tours carrées de sa cathédrale se détachent au-dessus des rochers, et les quartiers récemment construits s'égrènent sur le plateau. Si l'on arrive par le sud, la ville surgit brusquement sur son promontoire, dominant de plus de cent mètres la ville basse et la rivière de l' Ander. Fondée à la fin du 4e la ville devint une commune s'administrant elle même au 13e et un évêché au 14e. Elle connut une grande prospérité économique (tanneries draperies) et résista au malheur du temps (peste, guerre). Elle conserve dans ses rues, ses demeures, ses musées, ses églises, la richesse de ce passé. Malmenée par la Révolution au profit de sa rivale Aurillac, à l'écart de l'industrialisation, Saint-Flour a subi la dépopulation des campagnes environnantes. Néanmoins elle cherche à affirmer sa vocation de centre de services qui mise sur un site unique, une vieille ville bien conservée, la proximité de la montagne et de bonnes liaisons avec le reste du pays.

J. Meyroneinc

Les deux offices de tourisme (l'un en ville basse, l'autre en ville haute) distribuent des plans, et guides.
Pour une visite rapide, on peut citer :
- la ville haute (que l'on peut atteindre à partir de la ville basse par le Chemin des Chèvres) sur la place d'Armes
- la cathédrale Saint-Pierre
- le musée Alfred-Douet : maison consulaire Renaissance
- le musée de la Haute-Auvergne : ancien palais épiscopal
- le monument Georges-Pompidou (traverser la ville sur 300 m pour atteindre, à l'Ouest, les allées G. Pompidou).

Saint-Flour. *Photo P. S.*

Pierrefitte
Lespinasse
la Chevade
Piniargues
Puy de Barre
1081
Alloux
03
04
05
06
07
08
la Védrine
Puy de Pagros
1051
la Brousse
Barret
Pagros
GRP
Copiac
Fontes
le Vialard
Coren
3
4
5
0
1 km
Carte IGN 2535
la Borie
le Gour
Ferval
Sebeuge
les Clauzels
les Volpilières
le Saillant
Colsac
Andelat
GR 4
GRP de Saint-Flour
Boucle Planèze
Gaymond
le Rochain
Roffiac
le Rosier
Lander
Maserat
Roueyre
les Cramades
Lachau
Vendèze
de Montplain
Massales
Camiols
Besserette
la Fontlong
Bel-Air
Allauzier
Mourelle
2
1
A
ST-FLOUR
GRP de Saint-Flour
Boucle Planèze
Variante
GRP
de Saint-Flour
Boucle Gorges de la Truyère
Boucle Planèze
Fraissinet
le Chapebu
Volzac
Ternepessade
Mérignac
Bouzentès
Chaselou
Courtilles
Cousergues

Les sentiers GRP® de St-Flour et Ruynes-en-Margeride

Boucle des Monts de la Margeride

▶ Le GR® de Pays est commun avec le GR® 4 et avec la boucle Tour de la Planèze jusqu'au Saillant.

A Accès au GR® de Pays à partir de la ville-haute de Saint-Flour *(voir plan p. 62)* : à l'angle Nord-Est des allées Georges-Pompidou *(foirail, parking)*, descendre la rue. Au troisième virage, prendre à gauche sous le centre des Télécommunications. Au réservoir, obliquer à droite et passer sous un lotissement. Atteindre la route qui descend à droite et mène au moulin de Massalès.

De Saint-Flour (Ville-Basse) au Saillant — 7,5 km — 1 h 45

A Saint-Flour :

1 De la place de la Liberté ou de la gare, dans la ville-basse de **Saint-Flour** *(voir plan p. 62)*, emprunter la N 9 à l'Ouest sur quelques mètres, puis la rue à gauche qui longe l'Ander. Franchir la voie ferrée et suivre la route sur 2 km jusqu'au moulin de Massalès.

2 Prendre en face le chemin herbeux qui domine la rivière l'Ander. Gagner Roueyre. Couper la D 879 et continuer par la rue en face puis le chemin qui la prolonge jusqu'à Andelat. Traverser la rue centrale. Derrière l'église, emprunter la D 340 vers l'Ouest, puis la D 40 à droite et atteindre **Le Saillant**.

Du Saillant au puy de Barre — 4 km — 1 h

Au Saillant, après le pont, gagner la rue du village, au fond du parking.

▶ On peut voir la cascade de Babory située à 400 m *(suivre la pancarte)*.

Remonter le village et suivre la D 40 jusqu'au pont du chemin de fer. Descendre par la D 404 au-delà du passage à niveau et monter à droite vers La Borie. Avant le hameau, s'engager sur le chemin à gauche et arriver à un carrefour sur le plateau.

3 Se diriger à gauche sur 150 m, puis obliquer à droite pour monter vers le pied du **puy de Barre**.

▶ Il est possible d'accéder au sommet du puy de Barre, à 250 m, en montant à gauche.

Le puy culmine à 1081 m d'altitude. Panorama sur la Planèze, les monts du Cantal, du Cézallier et de la Margeride.

Du puy de Barre à Coren — 6 km — 1 h 30

A Coren :

4 Du pied du **puy de Barre**, continuer le chemin vers l'Est. Traverser Barret et poursuivre par la route.

5 Au second virage, prendre le chemin herbeux qui évite Pagros. Couper la D 679 et emprunter le chemin en face. Avant la route, suivre le chemin à droite sur 1,5 km et gagner la source minérale de Font-de-Vie. Continuer par la route à droite, puis le premier chemin à gauche et monter à Coren. Utiliser la route à droite, puis aller à gauche jusqu'à la place de **Coren**.

Le château du Sailhant (commune d'Andelat)

Le château du Sailhant, au nom évocateur (du latin saliens : sautant, bondissant) a, malgré les importantes restaurations qu'il a subies, conservé une grande allure.
Deux ruisseaux torrentueux entourent l'éperon basaltique qui le supporte, et se réunissent près de sa base, l'un d'eux se terminant en une magnifique cascade.
Le château de forme triangulaire n'est accessible que du côté nord, par une étroite bande de terrain, contrefort extrême de la Planèze. A son extrémité sud, une tour, ancien donjon se dresse comme une proue. De part et d'autre se développent de fortes murailles qui rejoignent la façade du bâtiment, comportant quatre grosses tours rondes au nord, une petite tour ronde en cul de lampe à l'ouest et une tour carrée crénelée à l'est.
D'époque médiévale (dès 960, il est fait mention d'un Jacques de Sailhant), il fut démantelé sous la Révolution. A la fin du 19e siècle, les tours furent reconstruites et coiffées en poivrière. Ainsi, l'aspect général a été relativement sauvegardé. En plus d'avoir joué un rôle important aux époques les plus troublées de l'histoire de Haute Auvergne, il appartint entre autres à la veuve d'Antoine Dubourg, chancelier de France, puis devint au 19e la propriété d'un banquier connu avant d'être racheté par son actuel propriétaire, un américain.

L. Bouyssou

Château du Sailhant. *Photo P. J.*

La cascade du Babory

Cascade du Babory. *Photo J.-F. F.*

Après avoir quitté Saint-Flour et traversé le bassin sédimentaire, la route recoupe une coulée de basalte* miocène (neuf millions d'années environ) sur laquelle est construit le château du Sailhant.

Cette coulée est la même que celle des orgues de Saint-Flour ; elle peut être suivie depuis Grisols jusqu'au Sailhant, et son altitude diminue dans ce sens : elle a donc coulé du Sud vers le Nord, à l'inverse de la rivière actuelle.

La coulée est très épaisse et formée de prismes gros et réguliers à la base, plus petits et irréguliers au sommet ; la partie supérieure forme un léger surplomb. Le raccord entre ces deux ensembles, qui ne constituent qu'une seule coulée, se fait selon un plan bien horizontal.

Le ruisseau franchit cette coulée en une cascade très spectaculaire.

En continuant vers Talizat, la route franchit des niveaux de brèche*, puis un empilement de coulées de plateau séparées par des zones de scories*.

* Basalte : roche volcanique sombre, utilisée comme matériau de construction et pour l'empierrement de chemins.

* Brèche : ensemble de roches volcaniques brisées par des gaz en expansion ressoudées ultérieurement dans un " ciment " volcanique ou sédimentaire.

* Scories : projection volcanique de taille moyenne entre 2 mm et 25 cm.

0
1 km
Carte IGN 2535
GRP
6
7
8
9
10
Coren
Clauzels
Copiac
Chadelat
Bambour
Martessagne
Montières
l'Ausel
Montagnaguet
Montagnac
le Fayet
Fazadou
Termengros
Rocheneyre
Chabrillac
Les Sarrasines
B. des Côtes
Belvezet
B. de la Gare
B. des Trompettes
Sagne Durond
Serre de Carre
Puy Mourou
Puy de la Croix
les Pouzes
la Chaumette
Montchamp
Mauvers
Loudières
Suc du Roi
B. Pendut
Lachau
Croux del Bos
Sistrières
Mont Redon
la Chassang
Tiviers
la Ballonne
Terrefralle
Villeneuve
la Plantade
le Mt Blanc
Valiergues
la Mourgue
les Ivergnes
Pisse-Bœuf
FT DES MAISONS
les Maisons
les Trilles
la Pelle
la Tremolière
le Monteil
Bois de Vabres
Pregazon
Puy de la Balle
Aubac
Mons
le Rosier
le Cheirol
Garage
Plateau de Mons
la Gare
St Épur
Brons
Biron
Soubisergues
le Vernet
Palageat
Bel-Air
A 75
N 9
D 990
D 323
D 113
D 50
D 150
D 423
D 13
08
09
10
11
12
13
14
15
16
17
18
93
92
90
89
88

De Coren à Mentières

4 km | 1 h

Sortir de **Coren** par la D 50. Traverser la N 9 puis l'A 75 et prendre la route de Charmensac. Longer la propriété et descendre par le chemin à droite. Emprunter la D 50 à gauche sur 600 m.

6 S'engager à gauche sur le chemin empierré puis herbeux et atteindre la mairie de **Mentières**.

De Mentières à Tiviers

4 km | 1 h

Descendre la rue sous l'église, dépasser le four banal de **Mentières** et poursuivre par un chemin caillouteux qui franchit un gué. Continuer sur 100 m, puis grimper à gauche le raidillon. Emprunter la petite route à gauche. Elle monte à Termengros. Dans le hameau, utiliser le second chemin à droite sur 500 m.

7 Virer à droite sur un chemin herbeux, traverser plusieurs bois et trouver 1 km plus loin, un chemin qui descend au Chassang. Le traverser à gauche pour arriver à **Tiviers**.

De Tiviers à la D 990

5 km | 1 h 15

Franchir le pont, passer l'église de **Tiviers** et prendre à gauche une route qui mène à Terrefaite.

8 S'engager à gauche sur le chemin qui monte. Il passe à la ferme de la Ballone, traverse plusieurs bois sur 2,5 km, puis débouche sur la D 423. Laisser la route de Montchamp à gauche. En face, emprunter à droite un chemin d'exploitation et gagner un carrefour marqué d'un calvaire.

9 Virer à gauche. A la fourche, obliquer à droite et aboutir sur la **D 990**.

De la D 990 à Sistrières

4 km | 1 h

Traverser la **D 990** et suivre à gauche une laie forestière sur 1,3 km. Au carrefour des pistes, tourner à gauche et déboucher sur la D 13. L'emprunter à gauche sur 400 m.

10 S'engager à gauche sur une piste forestière qui conduit à **Sistrières**.

Calvaire près de Montchamp.
Photo P. J.

L'originalité de la Margeride cantalienne

La Margeride ! A l'origine, ce nom désignait la vaste forêt qui occupait une bonne partie du territoire de la paroisse de Védrines-Saint-Loup. Puis, par tradition, ce terme s'appliqua à " la montagne" ou haute échine qui s'élève de 200 à 300 m au-dessus des plateaux bordiers avant que la géographie ne l'étende à toute une région naturelle, de plus de 100 km, l'un des plus importants massifs hercyniens de France.
Sous le soleil, scintillent pêle-mêle les dégradés de vert, les jaunes paille, les violets discrets, le bleu profond de conifères pressés les uns contre les autres, de prés en damiers abrités par des frênes, de champs cultivés, des eaux du barrage Garabit-Grandval. La Margeride garde alors ses réserves d'ombre, de fraîcheur et de senteurs âpres pour les couloirs sombres qui se succèdent.
Nulle part, même aux rives de la Truyère, l'altitude ne s'abaisse au-dessous de 750 mètres. Nulle part la Margeride n'offre de basses et bonnes terres. Le climat y est rude, le vent du nord et la bise glacée accentuant les gelées fréquentes. Mais l'originalité du climat tient à sa relative sécheresse, car les monts d'Auvergne la protègent des averses méditerranéennes.
Essentiellement rurale, la population a dessiné autour de ses villages un paysage agro-pastoral que les transformations du 20e siècle n'ont guère bouleversé. Cette ruralité a forgé chez les autochtones l'attachement porté à la terre nourricière, au " pays natal ".

Conifères près du mont Mouchet. *Photo P. J.*

Pierre Chassang

Une activité disparue: l'exploitation de la forêt par les verreries de la Margeride

Dès le 15e siècle, une famille de gentilshommes verriers, dirigeait la verrerie installée près du hameau dont elle avait pris le nom, au sud de Védrines-Saint-Loup. Les guerres de religion et l'appauvrissement de la forêt avaient fait cesser son activité à la fin du 16e. Au 18e, elle fut vendue à une société qui adopta un nouveau procédé inventé par le chimiste français Sage, basé sur l'emploi de laves basaltiques, abondantes et toutes proches, résultant en un verre de meilleure qualité. Cependant, à la suite de l'association malheureuse entre les exploitants mal intentionnés et un savant du nom de Paul Bosc d'Antic, la verrerie margeridienne dût fermer ses portes en 1773. Elle fut reprise par deux entrepreneurs de Paris et grâce à l'appui financier de M. de la Tour d'Auvergne, avant de se déplacer au début du 19e en Haute-Loire, dans la commune de Nozerolles où elle prospéra quelques temps. Des spécimens de verres et plats façon bohème, d'aiguières, de bouteilles, de gobelets, parfois décorés et à deux tonalités, subsistent dans les musées de la région ou chez de rares particuliers. Leurs formes sont gracieuses, leurs coloris délicats, le verre un peu glauque, opalin, souvent légèrement bleuté emprisonne des bulles microscopiques dues sans doute à des maladresses au soufflage, mais qui peuvent donner à la pâte une jolie irisation.

Pierre Chassang

Cueillettes en Margeride

Ceux qui n'iront pas en Margeride "pour voir si le loup n'y est pas " s'intéresseront probablement aux produits naturels des landes et de la forêt. La récolte des champignons est considérable quand le temps est favorable : douceur et humidité. Elle donne lieu de nos jours à une véritable et regrettable compétition économique par les ressources procurées à certaines familles. Morilles difficiles à découvrir, cèpes, bolets, mousserons et autres espèces comestibles croissent spontanément dans la montagne boisée ou dans les pacages.
La savoureuse fraise des bois vient sur les talus abrités, le framboisier dans les côtes et sur les hauteurs, l'airelle-myrtille sur la montagne. Ce fruit sauvage typique est utilisé en laboratoire dans la fabrication de médicaments efficaces pour la vue, quand il ne sert pas à garnir des tartes ou des pots de confiture.
Dans les prés, fleurissent à la belle saison les narcisses qui vont rejoindre les lichens dans les fabriques de parfums de Grasse (Alpes-Maritimes).

Cueillette des narcisses. *Photo L. V.*

Les baies des genévriers se font plus rares, tout comme les âpres prunelles à déguster quand le gel les a saisies. Au printemps, les pâtures sont prodigues en doucettes, en pissenlits et en reines des prés.
Mais " le jardin de la tour de Ruynes " en dira beaucoup plus à ceux que l'herboristerie passionne.

Pierre Chassang

Séchage de cèpes en Margeride. *Photo P. J.*

Védrines St-Loup
la Fage
Hors GR
les Tirondets
les Plots
la Bassie
la Bachy
Revers de Magne Combe
GRP
le Gay
FORÊT DE LA MARGERIDE
0
1 km
Cartes IGN 2535 - 2635
2536 - 2636
Longesaigne
la Margeride
la Vesseyre
Meniol
les Cougnis
Plane du Joucadou
Marchain Bal
Col du Signal
Pil
Prégazon
la Pinatelle
le Roussillon
Cromasse
Trailus
St. Epur
Liaison vers Combechalde
Puech d'Anglard
Masset
le Morle
le Drillet
Estubertés
Machot
Chaumette
Ruynes-en-Margeride
Salus
le Moulin de Ruynes
le Moulin de la Roche
le Couder de Laja
Puech Farrat
la Pinatelle
Cantarelle
la Brugère
la Grange
la Besseyre des Fabres
le Roux
Clavières
la Raynaldie
la Baraque
les Pézoulious
Puichouma
GRP
11
12
13
14
15
16

De Sistrières à une intersection

3 km 45 mn

Quitter **Sistrières** vers l'Est par la D 990.

11 Prendre le premier chemin à gauche, croiser un chemin, puis emprunter à gauche la D 13. S'engager à droite sur le premier chemin empierré. Laisser le ruisseau à droite et poursuivre à travers bois pour franchir le vallon 150 m plus bas. Remonter à nouveau dans les bois pour trouver sur le plateau un bon chemin en direction de La Fage ; 100 m avant le hameau, atteindre une **intersection** avec un chemin forestier.

Hors GR pour Védrines-Saint-Loup

1,5 km 20 mn

A Védrines-Saint-Loup :

A l'intersection, continuer tout droit jusqu'à La Fage. A la fourche à l'entrée du hameau, prendre la route en face sur 400 m, puis le chemin herbeux qui conduit à Védrines-Saint-Loup.

De l'intersection au col du Signal

8 km 2 h

12 A l'**intersection**, prendre le chemin forestier à droite, puis la route à droite, couper la D 990 et continuer. A l'entrée du domaine, face au château, suivre le chemin en lisière de bois jusqu'à un gué à l'Ouest du domaine du Gay.

13 Prendre le chemin le plus à gauche sur 100 m, puis tourner à droite. Monter par le chemin encaissé à gauche, poursuivre dans la même direction, passer une croix, puis commencer la descente et parvenir à un grand carrefour.

14 Sur la gauche, longer la clôture du parc animalier de Trailus sur environ 2 km.

► La liaison à droite rejoint Combechalde et permet de réaliser un itinéraire plus court (voir page 81).

Liaison pour Combechalde

9 km 2 h 15

Du parc animalier à Trailus

4 km 1 h

A Trailus :

A une intersection à l'Ouest du col du Signal, prendre le chemin à droite plein Sud, qui descend en forêt, puis suivre la route pour gagner Trailus *(parc animalier intéressant)*.

De Trailus à Ruynes-en-Margeride

3 km 45 mn

A Ruynes-en-Margeride :

Traverser Trailus à droite et prendre à gauche la route qui descend à Ruynes-en-Margeride.

► Par la variante du GR® 4 à gauche, on peut gagner le gîte d'étape de Prat-Long, situé à 5 km.

De Ruynes-en-Margeride à Combechalde

2 km 30 mn

A Combechalde :

A Ruynes, suivre la D 13 à droite. Après le terrain de camping, partir à droite, traverser un lotissement et prendre le chemin qui descend à Combechalde.

Bifurquer à gauche et monter pour atteindre le **col du Signal**.

Du col du Signal à la croix de la Paille

3 km 45 mn

15 Au **col du Signal**, prendre le chemin sablonneux en crête jusqu'à la **croix de la Paille** *(calvaire)*.

0
1 km
Cartes IGN 2635
2636
GRP
Variante
Serre Haut
Forêt Dom. de Pinols
Timoneire
la Buge de Chapel
la Grange Neuve
Chapel
Sce Captée
la Bastide
Mon. le Crépoux
Chanteloube
Buffat
le Meyrial (Rnes)
Montgros
Fajole
le Drillet
Machot
Roche
les Clauzels
Charambel
le Gastier
le Pavillon
Tombevie
Charmège
Coustal du Four
Prat Niolat
Mardarie
Malébrion
Croix de la Donne
Ravin de Marchand
Couder de Laja
Puech Farrat
Centre d'Accueil du Mont Mouchet
la Pouzaire
Stèle
Plos les Rocs
Rocher des Costes
la Pauze
Musée de la Résistance
Monument National aux Maquis
les Fumadettes
Forêt de la Tenezère
Montagne d'Auvers
Forêt Domaniale du Mont Mouchet
Mont Mouchet
Fontaine des Bergers
Fontgordy
le Clas du Besset
Bois de Borey
Auvers
la Garde
les Planchettes
la Coste
Cayle
les Audettes
la Valette
Nozeyrolles
Chazelle
le Besset
la Plone de Besset
la Draye
le Moulin Sicard
la Bromesterie
Caylade
les Costes Hautes
les Tailladis
les Pézoulioures
Niolat
Raynaldie
les Chazes
Grane
la Laubie
Albifon
Filandèze
le Suc
Sogne Morte
D. 41
D. 412
D. 48
D. 4
D. 419
D. 504
D. 303
83
82
80
16
17
18
19
20
21
22

De la croix de Paille au carrefour de la Croix-de-la-Donne

5 km 1 h 15

16 A la **croix de Paille**, continuer sur le chemin de crête jusqu'à un carrefour (1434 m). Tourner à droite et gagner le **carrefour de la Croix-de-la-Donne**.

Hors GR pour Clavières 4 km 1 h

A Clavières :

Sentiers PR de découverte réalisés par l'association L'Eveil en Margeride.

Descendre à droite puis à gauche. Passer un réservoir, le centre d'accueil pour handicapés et prendre la route sur 400 m. Entrer dans la prairie à droite. Suivre le sentier à gauche puis un chemin qui descend à Clavières.

Du carrefour de la Croix-de-la-Donne à la ferme de Prat-Niolat

1,5 km 20 mn

A la ferme de Prat-Niolat :

17 Au **carrefour de la Croix de la Donne**, prendre le chemin à gauche. A la fourche, aller à droite. Descendre le chemin dans la forêt sur 800 m, puis tourner à droite. Le chemin surplombe la ferme de **Prat-Niolat**.

De la ferme de Prat-Niolat à une esplanade

3 km 45 mn

18 Laisser la **ferme de Prat-Niolat**. Suivre la route, la D 48 à droite, la D 412 à gauche et gagner le monument national aux Maquis. Traverser l'**esplanade du monument aux Maquis** *(café-restaurant)*.

► La variante à droite permet de gagner directement le gîte de Prat-Long *(voir page 79)*.

Variante par la forêt du Mont-Mouchet 1,5 km 20 mn

Prendre la laie forestière à droite jusqu'à un étang où l'on retrouve le GRP® de Saint-Flour *(de là, à droite le gîte de Prat-Long est à 13 km)*.

De l'esplanade au mont Mouchet

2,5 km 40 mn

19 A l'extrémité de l'**esplanade**, prendre la route forestière de gauche qui monte au Sud, puis à gauche un large chemin sablonneux et un chemin à droite qui s'élève vers le **mont Mouchet** *(vue sur la Haute-Loire)*.

► La variante à droite permet de réaliser un itinéraire plus court ou de gagner directement Paulhac-en-Margeride pour trouver des hébergements *(voir page 79)*.

Variante pour Paulhac 1,5 km 20 mn

A Paulhac :

Descendre par le chemin au Sud pour rejoindre le GR® de Pays.

Du mont Mouchet à Auvers

6 km 1 h 30

A Auvers :

20 Au **mont Mouchet**, descendre par la piste Nord-Est. Au col, virer à gauche puis deux fois à droite. Suivre un large chemin sur 2 km. Il effectue trois virages et arrive à une fourche.

► Une liaison part à gauche vers Chanteloube *(balisage jaune-rouge)*.

21 Poursuivre la descente à droite sur 4 km. Couper la D 41 et entrer à **Auvers** par la D 303.

Les monuments du souvenir

La Margeride en finira-t-elle un jour avec la douloureuse obligation de fixer des plaques de marbre et d'élever des monuments pour honorer ses enfants fauchés par la mitraille ? Après ceux consacrés aux morts des deux Grandes Guerres, elle a dû perpétuer le souvenir de ses martyrs et des héros de la Résistance pour l'édification des générations futures.
Le dimanche 9 juin 1946, à Ruynes-en-Margeride, est dévoilée la première plaque commémorative en mémoire des vingt-six enfants de la commune tués par les Allemands. L'année suivante, une stèle est inaugurée, marquant l'emplacement où ont été abattus la plupart des hommes. En 1950, un monument plus symbolique de la tragédie qui s'est déroulée le 10 juin 1944 sera dévoilé au cours d'une cérémonie poignante.
Le long des routes et des chemins, ou en plein champ, de modestes stèles jalonnent les lieux précis où sont tombés certains maquisards. A Clavières, village pillé et brûlé par les Allemands, un monument sera officiellement inauguré le 10 juin 1954 à la mémoire des victimes civiles et du maire Broncy, disparu en tentant de sauver les villages et les habitants de sa commune.
Quant au monument national, à la Résistance et aux Forces françaises de l'Intérieur (FFI), il se dresse depuis 1946 dans la clairière du mont Mouchet, à la limite des trois départements (Haute-Loire, Lozère et Cantal), où un musée permet d'évoquer ce que fut la vie, les combats et parfois la mort des combattants de la Résistance.

Pierre Chassang

Monument commémoratif au mont Mouchet.
Photo P. J.

Le mystère de la " bête du Gévaudan "

La " bête du Gévaudan". *Dessin P. R.*

Elle a sévi en Margeride " *la beste anthropofage et garou* ", animal fabuleux plus connu sous le nom de " Bête du Gévaudan ". De multiples hypothèses (loup, hyène, babouin…avide de chair et de sang humain) furent émises sans jamais convaincre totalement.
Seule certitude pourtant : les registres paroissiaux et hospitaliers sont là pour attester que les tueries ont bien existé. De décembre 1764 à mars 1765, la " bête " fit une douzaine de victimes, souvent déchiquetées, décapitées et partiellement dévorées, lors de ses sanglantes incursions en Margeride et dans la vallée de la Truyère.
Bizarrement, quand le réputé chasseur du marquis d'Apcher, Jean Chastel, tua " un animal féroce qui avait toutes les apparences d'un loup énorme " , et qu'on abattit quelques jours plus tard la femelle qui avait réussi à s'enfuir, on n'entendit plus parler des exploits sanguinaires de " la bête ".
Malgré tout, le mystère demeure, et les imaginations continuent à s'acharner sur le dos de cette inconnue au point d'y consacrer encore beaucoup d'écrits.
Les contemporains vécurent cette fabuleuse histoire avec effroi et en supportèrent les fâcheuses incidences économiques : la terreur que " la bête " inspirait nuisait au commerce et aux échanges. Elle eut pour seul avantage de faire connaître à la Cour la misère d'une contrée méconnue, et d'attirer aujourd'hui des randonneurs sur les traces de la " bête qui mangeait le monde en Gévaudan ".

Pierre Chassang

Vers Clarières
Hors GR
Centre d'Accueil du Mont Mouchet
Cartes IGN 2635
2636
0
1 km
FORÊT DE LA TENEZÈRE
FORÊT DOMANIALE DU MONT MOUCHET
Mont Mouchet
Variante
GRP
GRP de Saint-Flour
Boucle Margeride
GRP Tour de la Margeride
Musée de la Résistance
Monument National aux Maquis
Auvers
Nozeyrolles
Le Besset
Paulhac-en-Margeride
Marcillac
la Bromesterie
Charmège
Auzenc
Bois de Borey
17
18
19
20
21
22
23
24
25
26

D'Auvers à Paulhac-en-Margeride

9,5 km | 2 h 30

A Paulhac-en-Margeride :

Sortir d'**Auvers** par le Sud.

Statue moderne de la Bête du Gévaudan. Maison de la Bête.

22 S'engager à gauche sur un chemin caillouteux. A la fourche, descendre par un chemin embroussaillé jusqu'à la route du fond de vallée. Traverser La Valette vers la droite et monter par le premier chemin à droite jusqu'à Nozeyrolles. Au Sud, le chemin mène au Besset, puis descend vers la vallée. Prendre la route à droite.

23 A Hontès-Bas, tourner à gauche et gagner **Paulhac-en-Margeride**.

De Paulhac-en-Margeride à une intersection

3 km | 45 mn

Quitter **Paulhac-en-Margeride** par la rue au Nord-Ouest, puis emprunter un chemin boisé qui monte à Auzenc. Le sentier, très dégradé, se poursuit au Nord-Ouest et atteint une **intersection**.

▶ Arrivée à droite (Nord) de la variante du mont Mouchet.

De l'intersection à un étang

1 km | 15 mn

24 A l'**intersection**, laisser la variante du Mont-Mouchet à droite et entrer en forêt par un sentier à gauche. Poursuivre par un chemin à gauche pour atteindre un coupe-feu. Le suivre jusqu'à un **étang**.

▶ Arrivée à droite (Nord) de la variante de la forêt du Mont-Mouchet.

De l'étang à Marcillac

4 km | 1 h

25 A l'**étang**, prendre le chemin forestier à gauche, puis la D 123 à droite. Laisser la D 48 *(route du Monument aux Maquis)* à droite continuer à droite sur 500 m le long des prairies.

26 Au réservoir, emprunter à gauche le chemin forestier qui descend vers **Marcillac**.

Episode de la Bête du Gévaudan à Auvers.
Photo P. J.

Ruynes-en-Margeride
Clavières
Lorcières
Chaliers
Marcillac
la Brugère
la Grange
la Bromesterie
la Laubie
Fraissinoux
la Chassagne
Combechalde
Salus
le Roux
le Meynial
Puech Farrat
Variante
GRP
GR 4
Hors GR
GRP de Saint-Flour
Boucle Gorges de la Truyère
Cartes IGN 2535 - 2635
2536 - 2636
0
1 km
17
27
28
29
30
31
Truyère
D. 50
D. 48
D. 504
D. 450
D. 13
D. 4

De **Marcillac** à **Lorcières** 3 km 45 mn

A Lorcières :

Laisser **Marcillac** à gauche, couper la D 504 et prendre à droite le sentier parallèle à la route. Il descend à travers bois, franchit le ruisseau des Bois et gagne **Lorcières**.

De **Lorcières** à **La Besse** 3 km 45 mn

A La Besse :

Après l'église de **Lorcières**, suivre la rue sur 50 m *(départ d'une liaison balisée qui rejoint la D 50 par un chemin au Nord)*. Descendre à gauche par la D 50 sur 500 m.

27 Prendre à droite le chemin sous bois. Couper la D 450, arriver à **La Besse** et continuer sur 100 m.

► Jonction avec le GR® 4 qui vient à gauche du Malzieu. Les GR® sont communs jusqu'à Saint-Flour.

De **La Besse** à la **D 48** 3 km 45 mn

28 A **La Besse**, suivre à droite le chemin qui mène à Lusclade. Emprunter la D 50 sur 300 m *(arrivée d'une liaison balisée qui vient de Lorcières)*.

29 Utiliser à gauche le raccourci qui franchit le ruisseau d'Encaillou et prendre le chemin à gauche qui mène à la **D 48** (alt. 828 m) *(jonction avec la boucle Gorges de la Truyère)*.

Variante par Ruynes-en-Margeride 8 km 2 h

De la **D 48** à **Prat-Long** 300 m 5 mn

A Prat-Long :

Prendre la **D 48** à droite sur 300 m, puis la D 50 à gauche et atteindre **Prat-Long**.

De **Prat-Long** à **Ruynes-en-Margeride** 5,5 km 1 h 30

A Ruynes-en-Margeride :

A **Prat-Long**, suivre à gauche la D 50. Au pont, monter à droite à Chauliaguet, puis se diriger vers le Nord par une route qui rejoint la D 4. La prendre à gauche jusqu'à **Ruynes-en-Margeride**.

De **Ruynes-en-Margeride** à **Combechalde** 2 km 30 mn

A Combechalde :

A **Ruynes**, suivre la D 13 à droite. Après le terrain de camping, partir à droite, traverser un lotissement et prendre le chemin qui descend à **Combechalde**.

De la **D 48 (alt. 828 m)** à **Combechalde** 5,5 km 1 h 20

A Combechalde :

30 Couper la **D 48** et poursuivre. A La Baraque, prendre la D 4 à gauche sur 150 m, puis le chemin à gauche qui descend au ruisseau. Passer le gué et le moulin de Guelit. Continuer à droite par un large chemin sur 1,8 km. Emprunter la D 13 à droite et gagner le passage à niveau de **Combechalde**.

Cartes IGN 2535
2536
ST-FLOUR
St-Georges
GRP de Saint-Flour
Boucle Gorges de la Truyère
Boucle Planèze
GRP
GR 4
Variante
Vabres
la Trémolière
le Vernet
Soubisergues
Biron
Brons
Bel-Air
Bellevue
Palageat
Bellegarde
la Varenne
St Thomas
Chalès
la Valette
la Chaumette
les Fabres
Cousergues
Grisols
St Michel
Gorges de l'Ander
Flamargues
St Cirgue
la Chassagne
la Veissière
Charbiac
Petges
Bois Grand
la Plaine
Orceyrolles
Orceyrettes
le Pirou
la Frideyre
la Chau
B. de Beaulieu
Beaulieu
B. de la Vaureille
la Vaureille
St Gal
Cromasse
Rayrolles
le Vialard
Bégut
Broussade
les Huttes et la Croux
Vaillettes
Viadeyres
Puech de Jourde
Crosatier
la Besseyre
le Plage
la Cheyre
le Gaz
la Gazelle
Salcrus
le Pic
la Coste
le Pouget
la Combe Loubeyre
les Côtes
le Cros
Coubertirade
Combechalde
Arrêt de Ruynes-en-Margeride
la Prade
Bourliette
Madrières
Ruynes-en-Margeride
A 75
N 9
D 4
D 50
D 350
D 250
D 13
31
32
33
34
35

De Combechalde au Pirou 4,5 km 1 h10

Au Pirou :

31 Franchir à gauche le passage à niveau de **Combechalde**. Couper la route, passer les maisons et continuer sur le sentier. Utiliser le pont à droite et poursuivre par la route sur quelques mètres.

32 Bifurquer à droite et rejoindre Le Pic. Garder la même direction, Couper une petite route en la suivant sur 100 m, puis traverser la D 350. Emprunter la D 4 à gauche et gagner **Le Pirou**.

Du Pirou à Saint-Michel 2,5 km 40 mn

Après **Le Pirou**, traverser l'A 75 et continuer par la route en face.

33 S'engager à gauche sur le chemin qui conduit à **Saint-Michel**. Prendre la route à gauche sur 50 m.

Hors GR pour Le Moulin-de-Saint-Michel 2 km 30 mn

Au Moulin-de-Saint-Michel :

Poursuivre par la route qui descend dans la vallée, puis par celle qui longe la rivière à gauche et arriver au Moulin-de-Saint-Michel. Pour retrouver le GR®, il est possible d'utiliser la route de la vallée jusqu'à La Valette (voir tracé en tirets sur la carte).

De Saint-Michel à Saint-Flour 4,5 km 1 h 10

A Saint-Flour :

34 A **Saint-Michel**, descendre à droite puis à gauche vers le ruisseau de Viadeyrès. Franchir la passerelle et remonter à Saint-Georges.

Prendre la rue derrière l'église de Saint-Georges.

35 S'engager sur le chemin à gauche. A La Valette, poursuivre par la route jusqu'à Saint-Thomas. Emprunter la N 9 à gauche sur 500 m, puis longer l'Ander jusqu'à la place de la Liberté à **Saint-Flour**.

Hors GR pour Saint-Flour Ville-haute 1 km 15 mn

Voir plan p. 62.
Franchir le pont. Derrière l'église, à la fourche, prendre à gauche la rue des Thuiles pour rejoindre, soit le gîte d'étape de la Maison des Planchettes *(garage de voiture possible)*, soit à droite le chemin des Chèvres pour monter directement à la place d'Armes *(cathédrale)* par la porte des Roches.

ST FLOUR
GRP de Saint-Flour Boucle Planèze Variante
GRP
0.5 1 km
Cartes IGN 2535 2536
1
2
3
4
5
6
7
Villedieu
le Fayet
Bessols
Barry
la Barge
Languiroux
Château d'Alleuze Ruines
Cousergues
Courtilles
Bouzengeac
la Chaumette
Grisols
la Chassagne
Flamargues
Charbiac
Petges
Vèdrines
St-Georges
St Michel
Bellegarde
Besserette
de Montplain
Volzac
Mérignac
Montaigut
Chagouze
Lespinasse
le Buisson
Vibrezac
Lestournels
Fontberline
Surgit
Champ Longue
Bois Grand
Bruyères Grosses
la Veissière
Massalès
Vendèze
Camiols
Bel-Air
Palageat
Soubisergues
Biron
la Valette
les Fabres
Ternepessade
Chaselou
Gorges de l'Ander

Les sentiers GRP® de St-Flour et Ruynes-en-Margeride

Boucle des Gorges de la Truyère

► Les boucles Gorges de la Truyère et Tour de la Planèze sont communes jusqu'à un carrefour avant Lavastrie.

De Saint-Flour à Bessols — 8 km — 2 h

A Saint-Flour :

1 Du pont Neuf de la ville-basse de **Saint-Flour** *(voir plan p. 62)*, partir vers l'Est. Franchir le ruisseau et monter sur le plateau. Emprunter la route à droite sur 5 km.

2 Bifurquer à gauche sur le chemin empierré, franchir un vallon et monter à travers une prairie vers la D 210. La prendre à droite, puis se diriger à gauche vers Le Fayet.

3 A l'entrée du hameau, s'engager sur un chemin qui monte dans un bois. Franchir le ruisseau de Serviat et atteindre **Bessols**.

De Bessols au château d'Alleuze — 6 km — 1 h 30

4 Sans entrer dans **Bessols**, prendre le chemin à droite. Il tourne à gauche, monte et décrit une large boucle avant d'arriver à la D 48. L'emprunter à gauche jusqu'à l'entrée de Barry.

5 S'engager sur le premier chemin à droite. Il contourne un monticule *(vue sur le lac)* et mène à Languiroux. Traverser le Sud du hameau jusqu'à la dernière maison.

6 Trouver le sentier qui part derrière la maison et le suivre sur 600 m. Prendre la piste en plein bois *(vue sur le lac et le château-fort)*. Elle redescend vers la D 48, la vieille église et le **château d'Alleuze**.

Hors GR pour La Barge — 500 m — 20 mn

A La Barge :

Prendre à droite le sentier du Chemin-de-Croix qui monte au village *(chapelle, point de vue)*.

La Truyère et les hommes

Pont romain sur la Truyère à Courbepeyre.
Photo P. J.

Par ses gorges profondes aux versants rocheux ou boisés, la Truyère et ses affluents appartiennent à ces vallées du sud-ouest du Cantal que Philippe ARBOS, géographe auvergnat, qualifiait de répulsives. Peu d'hommes et peu de villages en ces lieux solitaires, sites stratégiques où furent érigées des forteresses comme Alleuze, mais aussi des ponts permettant aux routes qui ne pouvaient suivre le fond de la vallée de l'enjamber en quelques points indispensables (pont de Lanau, Tréboul ou Garabit). Garabit fut aussi le site choisi par le chemin de fer pour franchir la Truyère et le viaduc d'Eiffel et de Boyer étonne toujours par sa beauté et sa hardiesse technique.

Si la mise en eau des barrages a perpétué durant de longues années la somnolence de ces rives sauvages, toute une activité touristique renaît aujourd'hui à la belle saison : hôtels panoramiques, base de voile de Mallet, promenades en bateau sur le lac, pêche et randonnées, dans des sites superbes.

J. Meyroneinc

Château d'Alleuze. *Photo P. J.*

La Truyère détournée

La Truyère prend sa source au sud de la Margeride et se dirige vers le nord jusqu'à Garabit, où elle change brutalement de direction pour rejoindre le Lot et donc le bassin de la Garonne. Pourtant, la Truyère coulait vers le nord et se jetait dans l'Alagnon (bassin de l'Allier) jusqu'aux bouleversements du Tertiaire, liés au soulèvement des Pyrénées. Le plateau où coulait la rivière fut alors exhaussé et une coulée lui barrant le passage, la Truyère fut " capturée " par un affluent du Lot. Afin de retrouver son profil d'équilibre, elle se remit à creuser, s'enfonçant alors dans des gorges sinueuses.

J. Meyroneinc

Le château d'eau auvergnat

La Truyère présente, sur les 170 km de son cours, des dénivellations importantes, dans des gorges profondes aptes à la production hydroélectrique. Une série de barrages furent donc construits jusqu'à Entraygues au confluent du Lot, modifiant le paysage, substituant aux torrents encaissés d'immenses lacs aux eaux tranquilles. Les gorges étroites, aux versants abrupts, taillés dans des roches granitiques, particulièrement résistantes étaient propices à ces aménagements hydrauliques. Après la première usine de Brommat (en Aveyron) en 1933, une série d'ouvrages furent réalisés après la nationalisation d'E.D.F. en 1946, d'amont en aval : Grandval, Lanau, Sarrans (au pied du barrage), la Barthe, Couesque. Seuls les deux premiers sont sur le territoire cantalien.
Le barrage de Grandval est composé de 6 voûtes de 50 m de portée chacune, s'appuyant sur 7 contreforts de 5,5 m d'épaisseur ; il mesure 400 m de long et 85 m de haut. La voûte centrale abrite une usine électrique, fonctionnant sous 74 m de chute produisant 125 millions de Kwh. La retenue d'une capacité d'environ 250 millions de m^3 reflue sur 27 km et recouvre 1000 ha.
Toutes les usines sont télécommandées depuis Brive. Avec ses quatre barrages (Enchanet, Saint Etienne Cantalès, le barrage de l'Aigle et Grandval), le Cantal produit 65 % de l'électricité hydraulique de l'Auvergne et 18 % de la production nationale, et exporte 80 % de sa production.

J. Meyroneinc

Barrage de Grandval. *Photo P. J.*

Surgit
la Barge
Barry
Languiroux
Relac
Château d'Alleuze
Ruines
Noux
la Bastide
la Rochette
Combret
le Salès
Grandval
Carte IGN 2536
1 km
GRP
de Saint-Flour
Boucle Planèze
Auriac
Chabriol
Centre de Vacances
Fauges
Barrage de Grandval
Lac du Barrage de Grandval
(cote maximale théorique 742)
Club de Voile
Ile de Chante Dur
Ile du Château
Belvédère de Mallet
Pont de Mallet
le Pradal
les Trémouaires
le Vialard
les Plaus
Fridefond
Variante
les Barthes
Bezenchat
la Bessaire
Lachamp
le Puech
la Brugère
Rochadet
Boumajou
Barberange
Pérols
Bois Noir et Chavet
Laval
Magnac
la Mourache
Sandouillère
le Moulin du Vialard
Puech Radouin
le Mirial
la Biouradou
la Coste
la Glève
5
6
7
8
9
10
11

Du château d'Alleuze au carrefour D 40 – D 48 3,5 km 1 h

De la statue de la Vierge, près de la chapelle d'**Alleuze**, descendre par la D 48 à gauche.

7 Après le pont, monter par le premier chemin à droite sur 200 m, puis suivre à gauche le sentier *(vue sur le lac et le château)* et atteindre la première maison de Noux. Laisser le hameau à droite et emprunter la route à gauche jusqu'au **carrefour D 40 – D 48** (929 m).

► Séparation de la boucle *Tour de la Planèze* qui suit à droite la D 48 et se dirige vers Lavastrie.

Du carrefour au barrage de Grandval 3 km 45 mn

8 Au **carrefour** (929 m), prendre la D 40 à gauche jusqu'au château de Combret. S'engager sur le premier chemin de terre à gauche et virer à 300 m à droite par un chemin herbeux qui descend à la D 40. La longer pour accéder au **barrage de Grandval**.

Du barrage de Grandval à Fridefont 3 km 50 mn

A Fridefont :

Dépasser le **barrage de Grandval** et suivre la route sur 50 m.

9 Utiliser à gauche un raidillon qui mène à La Bastide. Continuer par la petite route, puis par la D 40 à gauche et monter à **Fridefont**. Après l'église, prendre la route à gauche. Couper la D 13 et atteindre un carrefour.

► Départ de la variante permettant de raccourcir la Boucle des Gorges de la Truyère

Variante par le pont de Mallet 5 km 1 h 30

A l'intersection, non loin de **Fridefont**, continuer par la route vers Le Puech et La Bessaire *(point de vue)*. Derrière le hameau, trouver le sentier qui traverse une lande puis descend à travers bois au pont de Mallet. Le franchir, puis s'engager à droite sur le sentier qui monte à travers une lande, un pierrier et des pâtures avant d'atteindre **La Glève** où on retrouve la boucle *Gorges de la Truyère* (voir page 95).

De Fridefont à Morsanges 6 km 1 h 30

10 Au carrefour, à la sortie de **Fridefont**, prendre la route à droite et poursuivre par la D 12 en face.

Fridefond
Variante
Barberange
Maurines
Morsanges
Arzenc-d'Apcher
St-Juéry
Fournels
Albaret-le-Comtal
Albaret le Bas
la Ronzière
Montaigut
Montchamp
Courbepeyre
le Mazet
le Chaylar
GRP
GRP Tour des Monts d'Aubrac
Tour des Monts d'Aubrac
Cartes IGN 2536 2537
0 1 km
Mortesagne
Chabrier
Pouchastrin
la Volpilière
Bezenchat
le Bès
la Fauge
Laval
le Villaret
le Teil
Sauveroche
10
11
12
13
14
15
16
17
18
19
20
21

11 S'engager sur le chemin à droite. Il traverse Barberange, puis coupe la D 13 avant d'aboutir à Maurines. Continuer par la D 413 sur 150 m, puis emprunter la route à droite et gagner **Morsanges**.

► A partir de Morsanges, le GR de Pays parcourt les gorges du Bès. En cas de très mauvais temps, il est conseillé de les éviter et d'emprunter la variante qui parcourt le plateau.

Variante par le plateau 3 km 45 mn
Poursuivre par la route après le four banal de Morsanges. Passer Salcrus, puis La Grenouillère. Au croisement dans le hameau du Chazals, prendre le chemin d'exploitation à droite et atteindre l'orée du bois. Continuer sur 500 m et retrouver le GR® de Pays, à la clairière de Puech-Lavergne.

De Morsanges à la Chambre d'Eau — 1 km 15 mn

12 Sur la place de **Morsanges**, prendre à gauche le chemin de terre jusqu'au bâtiment de la **Chambre d'Eau**.

Variante du Bès 3 km 1 h
Descendre à gauche du bâtiment, suivre à droite la D 413 puis la D 65 qui mène aux Plagnes.

De la Chambre d'Eau à Saint-Juéry — 7 km 1 h 50

A Saint-Juéry :

13 A la **Chambre d'Eau**, dépasser le bâtiment à droite *(balisage vert)*. Descendre et utiliser le sentier des Espagnols. Il longe une canalisation souterraine sur 5 km. Après la dernière chicane, laisser le chemin à droite. Suivre celui qui franchit le vallon et monte dans la forêt de Puech-Lavergne jusqu'à une clairière *(jonction avec la variante venant de Morsanges)*.

14 Dans la clairière de Puech-Lavergne, suivre à gauche la laie forestière puis la route sur 100 m. Avant Vialette, prendre le chemin à droite. Rallier, par une petite route, l'église de **Saint-Juéry**.

De Saint-Juéry aux Plagnes — 10 km 2 h 30

A **Saint-Juéry**, emprunter la D 989 sur 1 km (direction Fournels), puis le sentier à gauche. Passer Le Mazel *(à droite, possibilité de variante non balisée par Fournels : gîte, restaurant, ravitaillement)*, franchir la Bédaule et remonter à Courbepeyre.

15 Aller au Nord, prendre le chemin sur 2,5 km et la route à gauche. Laisser Arzenc-d'Apcher à gauche, suivre le chemin à droite sur 2 km, traverser Le Villard. Descendre à gauche vers **Les Plagnes**.

Des Plagnes à Albaret-le-Comtal — 1 km 15 mn

A Albaret-le-Comtal :

16 A droite de la ferme des **Plagnes**, s'engager sur le chemin. Il rejoint **Albaret-le-Comtal**.

D'Albaret-le-Comtal à Montchanson — 8 km 2 h

Continuer face à la boulangerie d'**Albaret-le-Comtal** jusqu'au second calvaire. Laisser Mortesagne. Prendre la piste à gauche, la route à droite sur 100 m, puis le chemin à gauche. Il mène au plateau.

17 A la bifurcation, virer à gauche et, à travers bois, aboutir à la métairie de Farges.

La ligne de chemin de fer des Causses

C'est par le Nord que le chemin de fer a pénétré dans le Cantal en 1861 à Massiac, puis côté sud à Saint-Chély-en-Lozère en 1887, avant d'atteindre Saint-Flour et Neussargues en 1888. Malgré un coût de départ élevé, ce nouveau mode de traction stimula notamment l'activité marchandise (transport des vins du Midi, oranges espagnoles).
Après la Deuxième guerre mondiale, le déclin économique des régions traversées et les handicaps du tracé et du profil de la ligne provoquèrent un recul des trafics voyageurs et marchandises.
Pourtant, cette ligne qui traverse la France et le Massif Central ne semble pas irrémédiablement condamnée. L'axe de la vallée du Rhône, de nombreux points entre Nimes et Narbonne connaissent un trafic proche de la saturation. La rénovation des voies, avec renforcement du ballast, remplacement des rails, l'électrification de la section Clermont-Neussargues et la modernisation des caténaires de la section Neussargues-Béziers permettraient de détourner une partie du trafic marchandises vers cet itinéraire. Les préoccupations d'aménagement du territoire et la prise en compte de nouveaux trafics (tourisme ferroviaire, relations entre Clermont et l'Espagne) entrent pour une bonne part dans ces projets.

L'écomusée de la Margeride

Un écomusée est un musée " différent". Il raconte l'évolution d'une société sur un territoire, en l'occurrence la Margeride. Le patrimoine de cette région est présenté au public suivant quatre sites porteurs de la mémoire de la Margeride. C'est aussi et surtout un lieu de rencontres entre les visiteurs et les " gens d'ici ".
L'écomusée de Margeride - Haute-Auvergne est un musée vivant car la clé de voûte de la relation intime qui se noue entre le visiteur et chacun de ces sites, c'est l'émotion suscitée par des histoires, des senteurs, des musiques et des saveurs...
La Ferme de Pierre Allègre à Loubaresse est une invitation à découvrir le quotidien d'une famille de paysans à la fin du siècle dernier : tout a été conservé ou fidèlement reconstitué afin d'offrir un " instantané " de cette ferme de Margeride.
Le domaine de Longevialle est un château du 18e siècle situé dans la vallée de la Truyère au pied du village de Chaliers. Il abrite l'exposition " Les Hommes du Viaduc. Chroniques de Garabit " qui permet de rencontrer les hommes et les femmes ayant conçu, fabriqué et entretenu le viaduc de Garabit.
L'Ecole de Clémence Fontille dans le village de Signalauze sur la commune de Ruynes-en- Margeride est une petite école de la fin du siècle dernier.
" La Tour de Ruynes ", siège de l'Ecomusée, constitue un centre d'informations sur les caractéristiques géologiques, géomorphologiques et écologiques de la Margeride.
(visite au 04.71.23.42.96)

Château de Longevialle. *Photo P. J.*

Bessols
Védrines
Fécliédour
Puech Persou
Viaduc de Garabit
les Rives Grandes
Club Nautique
Garabit
le Pont de l'Échelle
Barry
la Valette
Rocher de la Sonaille
Bois Chassan
le Plan de Truyère
Lair
la Brugère
Champiol
Pouzols
la Fouillère
Fombade
les Puechs
la Lebrine
Pissarelle
Loubeyre
Sce Captée
la Bessaire
Lespinasse
Maladet
la Bastide
Château de Chassan
Faverolles
GRP
Levade
le Chauvel
Auriac
Louliéres
Rvoirs
les Ollières
les Angles
Fonfrède
les Bos
la Brugère
Bournoncle
le Vialard
Champ des Bos
1 km
Carte IGN 2536
Club de Voile
Champ Projet
Ile de Chante Dur
Ile du Château
Puech d'Aubrat
les Ardennes
la Glève
Pont de Mallet
Belvédère de Mallet
las Combes
les Costes Rouhiouses
Tourral
la Prade
Ferval
Rageac
Font Blave
Deneyres
Puech Chalvet
Nalhac
la Bessaire
les Costes
Montchanson
la Bessière
Lachamp
Variante
le Rieubain
Puech la Cavale
les Barthes
Sagne Nègre
la Ronzière
le Puech Verdier
Puech Chanson
les Landes
Sagnère
Metairie de Farges
D. 348
Recoux
les Besseyres
Bès

18 En bas de la cour de la métairie de Farges, à droite, longer le mur et sa ligne d'arbres puis la prairie à gauche pour rejoindre les arbres *(bien suivre le balisage)*. Retrouver à droite, derrière les arbres, le sentier.

19 A la fourche, aller à gauche sous bois jusqu'au ruisseau de Peyrebesse. Le franchir et remonter le vallon par la gauche *(bien suivre le balisage)* jusqu'à Sanière. Passer les maisons et poursuivre par la route à droite sur 400 m.

20 Prendre à gauche le chemin herbeux. Il débouche sur la D 248. L'emprunter sur 400 m à gauche.

21 Grimper à gauche par un raidillon *(vue sur le cirque de Mallet)* et redescendre sur **Monchanson**.

De Montchanson à La Glève

3 km | 45 mn

De l'autre côté de la rue de **Montchanson**, un mauvais chemin plonge puis file Nord-Ouest vers Font-Blave *(point de vue)*.

22 A la sortie du hameau, laisser la route à gauche et rejoindre une maison. Le sentier passe derrière et débouche dans un virage de la route *(bien refermer les barrières)*. Elle descend à gauche à **La Glève** *(arrivée de la variante du pont de Mallet en bas du hameau)*.

De La Glève à Faverolles

5 km | 1 h 15

A Faverolles :

23 A **La Glève**, dépasser la dernière maison et partir à droite en longeant sur 300 m une pâture *(privée interdite aux véhicules)*. Franchir l'escalier d'une barrière et poursuivre par un large chemin d'exploitation. Emprunter la D 13 à droite. Elle mène à un petit pont sur la route.

24 Entrer dans la prairie à droite, remonter le ruisseau et s'élever par un raidillon pour gagner le plateau. Traverser le pré en biais puis la cour de la ferme des Ollières *(être discret et aimable)*. Continuer par la route sur 500 m.

25 Prendre le sentier à gauche puis le premier chemin à droite et retrouver la D 13. Poursuivre en face sur un chemin herbeux qui part à droite et conduit à l'église de **Faverolles**.

De Faverolles au viaduc de Garabit

7 km | 1 h 45

A Garabit :

A **Faverolles**, suivre la D 48 en direction de Bournoncles.

26 Après le cimetière, prendre à gauche le chemin sur 2,5 km. Traverser Pouzols, Champiol et couper la D 13. Utiliser la laie forestière. Elle devient un sentier qui descend à travers bois et mène près du lac. Emprunter la D 13 à gauche *(vue sur le lac et le viaduc ; prudence ! route dangereuse)* jusqu'à la N 9, au lieudit Garabit.

Variante pour Combechalde 6 km | 1 h 30

A Combechalde :

Voir tracé en tirets sur la carte.

27 Poursuivre sur 150 m par la N 9 en direction du **viaduc de Garabit**.

0
1 km
Cartes IGN 2535 - 2635
2536 - 2636
Beaulieu
le Pirou
la Frideyre
la Chau
la Cheyre
Ruynes-en-Margeride
Variante GR 4
GR 4
GRP
Bourliette
Gazelle
Salcrus
le Pic
37
36
la Coste
Combechalde
Arrêt de Ruynes-en-Margeride
la Prade
le Pouget
la Combe Loubeyre
les Côtes
le Cros
Baraque de la Plaine
Anglards-de-St-Flour
Gidour
Bois de Madrières
Ligonès
Chât.
Var.
Aire de Repos (en construction)
Beauregard
les Rives Grandes
Viaduc de Garabit
les Martres
le Moulin de Guelit
le Moulin de Prat Bas
la Baraque
Chauliaguet
27
Garabit
28
les Combelles
Combe Longue
les Molèdes
Mont Redon
Truyère
35
34
les Sagnes
Barsolière
Lachamp
Chantegrel
le Plan de Truyère
Bois Chassan
Lair
29
Bos de la Feuille
Razas de Bonette
Chambaron
Valadour
la Fouilière
Fombade
Champiol
Pouzols
30
Roche du Pont
Chaliers
Signole
la Bessaire
Combe d'Arcomie
Lespinas
Maladet
33
Côte du Chal
Longevialle
Silos
Charmensac
Brousse
Puech de Brousse
32
Châr
Pompignac
Bardol
Pidière
Longevialle Haut
le Terran
Laval
Levade
le Chauvel
31
Loubaresse
le Moulin de Rochegude
la Brugère
les Bos
le Vialard
Bournoncles
Champ des Bos
le Moulin Bleu
Puech Miajou
Puech Millot
Bois de la Feuille
Scier
Lait.
D. 48
D. 13
D. 50
D. 4
N 9
A 75

Du viaduc de Garabit à Valadour

4 km | 1 h

A Valadour :

28 Avant le viaduc de Garabit, prendre le raidillon à droite pour couper les lacets de la N 9 et gagner le plateau. Après le deuxième lacet, suivre la route à gauche, et prendre le chemin à gauche qui longe la voie ferrée.

29 Suivre la route à gauche et atteindre le croisement de Valadour.

▶ Une variante part à gauche. Après 2 km, elle retrouve le GR® de Pays de Saint-Flour, à Chaliers *(voir tracé sur la carte en tirets).*

De Valadour à Loubaresse

3 km | 45 mn

A Loubaresse :

30 A Valadour, prendre la route à droite. Passer Charmensac, Pidière et arriver au passage à niveau de Loubaresse.

31 Partir à gauche jusqu'à l'église de Loubaresse.

Visite possible de la ferme de Pierre Allègre (19e siècle), un des quatre établissements de l'écomusée de la Margeride.

De Loubaresse à Chaliers

5 km | 1 h 15

De l'église de Loubaresse, monter à gauche jusqu'à une bifurcation. S'engager à droite sur le chemin forestier qui descend vers la D 48. La suivre à gauche sur 500 m.

32 Descendre à droite pour franchir la passerelle sur la Truyère. Traverser le domaine touristique de Laval *(café-restaurant, baignade non surveillée)* et continuer par la D 48 sur 400 m.

33 S'engager à gauche sur le chemin qui monte à Chaliers.

De Chaliers à la D 48

2 km | 30 mn

Contourner l'église de Chaliers, poursuivre sur 200 m et descendre à travers un pré. Franchir le ruisseau de la Ribeyre et monter à Lachamp. Prendre la petite route au Nord-Est et déboucher sur la **D 48** (alt. 828 m).

▶ Jonction avec le GR® 4 et la boucle *Monts de la Margeride* qui arrivent à droite de La Besse. Les boucles des *Gorges de la Truyères*, des *Monts de la Margeride* et le GR® 4 sont communs jusqu'à Saint-Flour.

Hors GR pour Prat-Long 300 m | 5 mn

A Prat-Long :

Suivre en face la variante du GR®4 qui prend la D 48 pour gagner l'auberge et le gîte d'étape.

De la D 48 à Combechalde

5,5 km | 1 h 20

A Combechalde :

34 A la **D 48** (alt. 828 m), prendre le chemin à gauche (Nord-Ouest).

Duguesclin et le siège de Chaliers (1380)

Pendant la guerre de Cent ans, la Haute-Auvergne se dresse comme le dernier rempart entre la France et la Guyenne anglaise. Hérissée de forteresses, elle s'incorpore au glacis défensif de Saint-Flour : châteaux de Chaliers, Corbières et Valadour situés sur les berges de la Truyère, et Montsuc et " Las Costes ", plus éloignés en Margeride. Mais si ces deniers tombent aux mains de l'ennemi, ils en deviennent autant de points d'appui pour une attaque combinée contre la cité épiscopale.
Or en 1380, le capitaine des Routiers à la solde des Anglais, Bertucat d'Albret, s'est emparé de Châteauneuf--Randon en Gévaudan ; son compère, Pierre de Galard, du château de Chaliers au mois d'avril. L'encerclement du pays sanflorain se poursuit et une offensive générale contre la place forte de Saint-Flour se dessine.
Sur demande des états provinciaux, Charles V acceptera la désignation de Duguesclin, considéré comme seul à pouvoir sauver le pays. En hâte, la milice est mobilisée et les préparatifs de guerre ordonnés aux consuls en vue du siège de Chaliers qui commence le 21 juin ; le 26 une brèche est ouverte, la garnison réduite à la capitulation. Sa mission accomplie, la milice de Saint-Flour peut regagner fièrement sa ville, tandis que l'ost royal poursuit vers Châteauneuf-de-Randon. La place gévaudanaise tombera, mais Duguesclin, miné par un mal sournois, rendra l'âme le 13 juillet 1380, peut-être sous la tente offerte par les sanflorains.

Pierre Chassang

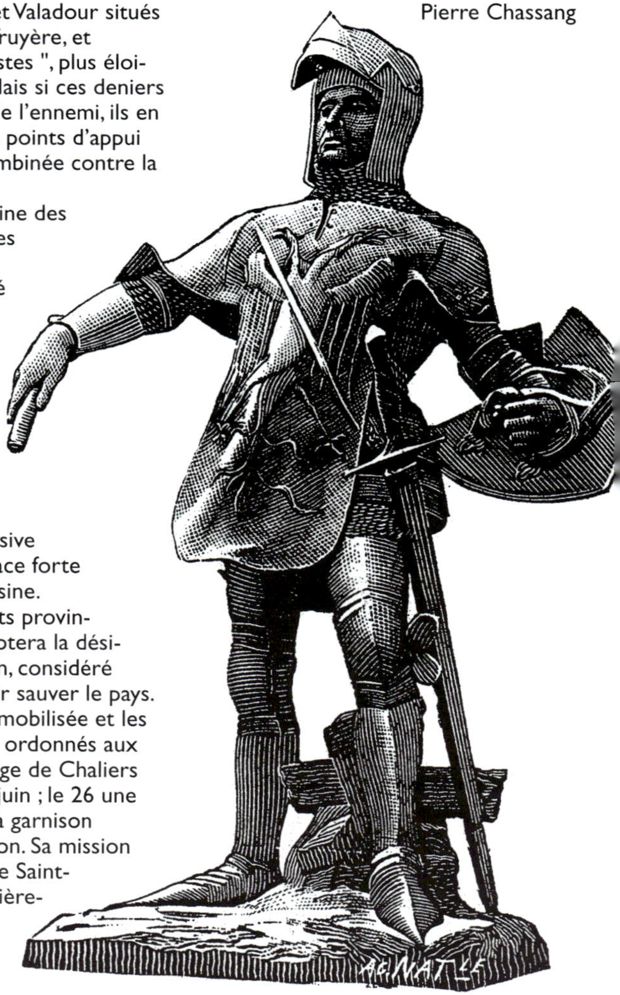

Bertrand Duguesclin au siège de Chaliers, mort devant Châteauneuf-de-Randon dix jours plus tard.

Le viaduc de Garabit

La construction du viaduc de Garabit est due à Gustave Eiffel, si connu pour sa tour gigantesque de l'Exposition 1889 et à MM. Bouby et Boyer, ingénieurs des Ponts-et-Chaussées. Le problème à résoudre consistait à jeter sur la vallée de la Truyère, large de 550 m, et à une grande hauteur au-dessus de la rivière, un pont capable de résister au poids des trains de marchandises, à la vitesse des trains de voyageurs, surtout aux efforts des vents les plus violents.
Les piles les plus hautes se dressant à mi-côte, se composent d'une forte maçonnerie de 18 m, surmontée d'une construction métallique de 62 m.
Pour éviter d'élever des piles de plus hautes proportions, on a dû jeter sur la partie la plus profonde de la vallée un arc de 165 m de largeur. C'est la plus grande portée qu'on ait donnée jusqu'ici à une arche de pont de fer.
La longueur totale du viaduc est de 564,25 m, hauteur 124 m, ouverture 165 m.
Pour donner une idée de l'élévation de l'arche centrale, on a figuré l'église cathédrale Notre-Dame de Paris (66 m), surmontée de la colonne Vendôme (44 m). Ces deux monuments superposés n'arriveraient pas encore à la hauteur du tablier du pont. Du moins avant la mise en eau du lac de Grandval, qui a réduit cette hauteur à 95 m.
Cette technique audacieuse dans l'utilisation de l'acier sera reprise en 1889 pour construire la Tour Eiffel lors de l'Exposition universelle de Paris.

D'après Jean-Baptiste Delort,
A travers le Cantal et la Lozère.

Viaduc de Garabit. *Photo P. J.*

St-Flour
Bel-Air
Bellegarde
Vabres
St Gal
la Vaureille
B. de la Vaureille
B. de Beaulieu
Beaulieu
Bourliette
Combechalde
Arrêt de Ruynes-en-Margeride
la Prade
Lignones
la Chau
la Frideyre
Salcrus
la Coste
le Pic
le Vialard
le Pirou
Rayrolles
Bégut
Broussade
la Besseyre
les Huttes et la Croux
Vaillettes
le Vernet
Crosatier
St Georges
St Michel
Orceyrolles
Orceyrettes
la Gazelle
le Pouget
la Combe Loubeyre
Anglards-de-St-Flour
Grisols
Cousergues
Courtilles
Flamargues
Petges
Charbiac
la Chassagne
la Veissière
Bois Grand
la Chaumette
la Valette
le Fayet
l'Ander
A 75
N 9
D 4
D 50
GR 4
GRP
Variante GR 4
36
37
38
39
40
86
87
83
82
0
1 km
Cartes IGN 2535
2536

35 Au hameau de La Baraque, prendre la D 50 à gauche sur 150 m. S'engager sur le chemin à gauche qui descend au ruisseau. Passer le gué et le moulin de Guelit. Continuer à droite par un large chemin sur 1,8 km. Emprunter la D 13 à droite et gagner le passage à niveau de **Combechalde**.

De Combechalde au Pirou

4,5 km | 1 h10

Au Pirou :

36 Franchir à gauche le passage à niveau de **Combechalde**. Couper la route, passer les maisons et continuer sur le sentier. Utiliser le pont à droite et poursuivre par la route sur quelques mètres.

37 Bifurquer à droite et rejoindre Le Pic. Garder la même direction. Couper une petite route en la suivant sur 100 m, puis traverser la D 350. Emprunter la D 4 à gauche et gagner **Le Pirou**.

Du Pirou à Saint-Michel

2,5 km | 40 mn

Après **Le Pirou**, traverser l'A 75 et continuer par la route en face.

38 S'engager à gauche sur un chemin qui rejoint en 50 m la route de **Saint-Michel**.

Hors GR pour Le Moulin-de-Saint-Michel

2 km | 30 mn

Au Moulin-de-Saint-Michel :

Poursuivre par la route qui descend dans la vallée, puis par celle qui longe la rivière à gauche et arriver au Moulin-de-Saint-Michel. Pour retrouver le GR®, il est possible d'utiliser la route de la vallée jusqu'à La Valette *(voir tracé en tirets sur la carte)*.

De Saint-Michel à Saint-Georges

500 m | 10 mn

A Saint-Georges :

39 A **Saint-Michel**, descendre à droite vers le ruisseau de Viadeyrès. Franchir la passerelle et remonter à **Saint-Georges**.

De Saint-Georges à Saint-Flour

4 km | 1 h

A Saint-Flour :

Prendre la rue derrière l'église de **Saint-Georges**.

40 S'engager sur le chemin à gauche. A La Valette, poursuivre par la route jusqu'à Saint-Thomas. Emprunter la N 9 à gauche sur 500 m, puis longer l'Ancer jusqu'à la place de la Liberté de **Saint-Flour**.

Accès à la ville-haute de Saint-Flour

1 km | 15 mn | et non balisé

Voir plan p. 62.

Franchir le pont. Derrière l'église, à la fourche, prendre à gauche la rue des Thuiles pour rejoindre, soit le gîte des Planchettes, soit à droite le chemin des Chèvres pour monter directement à la place d'Armes *(cathédrale)* par la porte des Roches.

ST FLOUR
GRP
GR 4
GRP le St-Flour Gorges de la Truyère
1
2
3
4
5
6
7
0
1 km
Cartes IGN 2535 2536
Massalès
Vendèze
Camiols
Besserette
la Fontlong
Bel-Air
Palageat
Biron
Soubisergues
le Pré Charreyre
la Croix de Montplain
de Montplain
le Colombier
Bellegarde
Chalès
les Tanneries
la Chaumette
Bouzengeac
la Valette
Volzac
Ternepessade
Mérignac
St-Georges
Courtilles
Cousergues
Grisols
Chaselou
Montaigut
Chagouze
Lespinasse
la Visade
Flamargues
la Chassagne
Villedieu
la Veissière
Charbiac
Petges
le Fayet
Bois Grand
le Buisson
Fontberline
Vibrezac
Lestournels
Bessols
Bruyères Grosses
Vèdrines
Champ Longue
Surgit
Barry
la Barge
Labaisse
Languiroux
Château d'Alleuze Ruines
les Puechs
Pissarelle
D 40
D 210
D 10
D 116
D 48
D 921
N 9

Les sentiers GRP® de St-Flour et Ruynes-en-Margeride
boucle du Tour de la Planèze

► Les boucles *Gorges de la Truyère* et *Tour de la Planèze* sont communes jusqu'à un carrefour avant Lavastrie.

De Saint-Flour à Bessols
8 km 2 h

A Saint-Flour :

1 Du pont Neuf de la ville-basse de **Saint-Flour** *(voir plan p. 62)*, partir vers l'Est. Franchir le ruisseau et monter sur le plateau. Emprunter la route à droite sur 5 km.

2 Bifurquer à gauche sur le chemin empierré, franchir un vallon et monter à travers une prairie vers la D 210. La prendre à droite, puis se diriger à gauche vers Le Fayet.

3 A l'entrée du hameau, s'engager sur un chemin qui monte dans un bois. Franchir le ruisseau de Serviat et atteindre **Bessols**.

De Bessols au château d'Alleuze
6 km 1 h 30

4 Sans entrer dans **Bessols**, prendre le chemin à droite. Il tourne à gauche, monte et décrit une large boucle avant d'arriver à la D 48. L'emprunter à gauche jusqu'à l'entrée de Barry.

5 S'engager sur le premier chemin à droite. Il contourne un monticule *(vue sur le lac)* et mène à Languiroux. Traverser le Sud du hameau jusqu'à la dernière maison.

6 Trouver le sentier qui part derrière la maison et le suivre sur 600 m. Prendre la piste en plein bois *(vue sur le lac et le château-fort)*. Elle redescend vers la D 48, à la vieille église et le **château d'Alleuze**.

Hors GR pour La Barge 500 m 20 mn

A La Barge :

Prendre à droite le sentier du Chemin-de-Croix qui monte au village.

Dessin V. F.

Le four

Four banal de Bessols. *Photo P. J.*

Le four occupe une place très importante dans la vie des gens du village. Il peut être d'utilisation collective (four banal) ou d'utilisation individuelle.
A l'époque féodale, les paysans devaient cuire leur pain dans le four du seigneur et verser à ce dernier une redevance. Ce privilège sera aboli le 17 juillet 1793. Les habitants vont donc se grouper et construire des fours collectifs.
Le four individuel est intégré à l'habitation ou construit tout près de celle-ci. Le four banal, lui, est bâti sur un terrain communal.
Les murs du fournil supportent un toit à deux pans couverts de lauzes ou de tuiles. Les pierres sont jointées à la terre glaise. Un four en forme d'abside est accolé au fournil ou se trouve, parfois, sous le même toit.
On ne cuit pas tous les jours, mais généralement chaque quinzaine. A tour de rôle, les familles se chargent de ce travail. Les " palhassons " enfarinés sont remplis de pâte puis posés sur des tablettes de bois ou de pierre, à l'intérieur du fournil. Quand les pierres de la voûte du four blanchissent, on enlève les braises. Avec une pelle en bois à manche long, on pose les boules de pâte sur lesquelles on a tracé une croix et on ferme la porte. Il faut environ deux heures pour que le pain soit prêt.
Suite à la cuisson, on profite de la chaleur du four pour cuire des tartes, des " pastets " (pâtés aux pommes) et des "pompas " (sortes de petits pains briochés à la pâte dorée et croustillante).

Photo P. S.

Daniel Bruges

La Truffade et le Pounti

Truffade. *Photo P. S.*

La **truffade** de Saint-Flour
Pour 6 personnes :
1 kg de pommes de terre anciennes, de préférence, 400 g de tomme fraîche de Cantal, 1 cuillère à soupe d'huile, 3 gousses d'ail, persil, poivre et sel.
Eplucher les pommes de terre et les couper en rondelles un peu épaisses, couper la tomme en fine lamelles.
Mettre es pommes de terre dans la poêle, saler légèrement et couvrir.
Faire cuire 15 à 20 mn en remuant de temps en temps. Quand les pommes de terre sont bien rissolées, disposer les lamelles de tomme et laisser fondre en mélangeant doucement sur feu moyen. Quand le mélange peut glisser dans la poêle, retourner le afin de faire dorer l'autre face.
Servir sur un plat, et saupoudrer avec l'ail et le persil finement hachés.

Monique Jouve

Voici comment le **Picaucel** ou **Pounti** est préparé à Neuvéglise et à Saint-Flour
Pour 4 personnes :
Faire une farce avec des restes de viande ou de la chair à saucisse (100 g par personne) à laquelle on ajoute 40 à 50 g de lard cuit, un oignon, 200 à 300 g de feuilles de blettes.
Ajouter 6 œufs, 1/2 litre de lait et environ 300 g de farine de sarrasin.
Bien mélanger le tout.
Prendre une cocotte en fonte beurrée puis y verser le mélange obtenu.
Incorporer 300 g de pruneaux. Mettre au four et faire cuire de 3/4 d'heure à 1 heure.
Le Pounti se sert chaud ou froid.

Daniel Bruges

Carte IGN 2536
0
1 km
Neuvéglise
Cordesse
Vernuéjols
Fontbonne
Chamalières
Chaussine
Bennac
Lavastrie
Chassagne
Serre
Sieujac
Polignac
Faugès
Grandval
Barrage de Grandval
Lac du Barrage de Grandval
(cote maximale théorique 742)
Combret
le Salès
la Rochette
Noux
la Bastide
Château d'Alleuze
Ruines
Malefosse
Lavergne
St-Marty
Tarrieux
Montbrun
Centre de Vacances
les Bois de l'Air
la Mourache
Sandouillère
le Vialard
Lanau
GRP
D. 48
D. 40
D. 10
D. 16
D. 921
7
8
9
10
11
12
13
14

Du château d'Alleuze au carrefour (929 m) 3,5 km 1 h

De la statue de la Vierge, près de la vieille église d'**Alleuze** descendre la D 48 à gauche.

❼ Après le pont, monter par le premier chemin à droite sur 200 m, puis suivre à gauche le sentier *(vue sur le lac et le château)* et atteindre la première maison de Noux. Laisser le hameau à droite et emprunter la route à gauche jusqu'à un **carrefour** (929 m).

► Séparation de la boucle *Gorges de la Truyère* qui part à gauche vers Grandval puis Fridefont.

Hors GR pour Fridefont 6 km 1 h 30

A Fridefont :

Utiliser la boucle *Gorges de la Truyère* pour gagner Grandval puis Fridefond (voir page 89).

Du carrefour à Lavastrie 6 km 1 h 30

A Lavastrie :

❽ Au **carrefour** (929 m), prendre la D 48 à droite, puis la route à gauche. Au premier croisement, aller à gauche.

❾ A la fourche, s'engager à gauche sur le chemin d'exploitation. Il mène au point de vue sur le barrage de Grandval, puis à Fauges.

❿ En bas du hameau, descendre vers le ruisseau des Costes, puis remonter vers la D 48. L'emprunter à à gauche pour gagner **Lavastrie**

De Lavastrie à Sieujac 5 km 1 h 30

Derrière l'église de **Lavastrie**, à la fourche, prendre la petite route à droite sur 1 km.

⓫ Tourner à droite au carrefour, traverser le hameau de Serre et poursuivre par le chemin forestier qui descend au ruisseau de Béquet puis remonte vers **Sieujac**.

De Sieujac à Neuvéglise 5 km 1 h 30

A Neuvéglise :

Traverser **Sieujac**.

⓬ Au calvaire, descendre à gauche, franchir le gué, puis utiliser le passage sous la D 921. Atteindre Saint-Marty. Emprunter la laie forestière sur 1,5 km, puis la route à droite jusqu'à Lavergne.

⓭ Virer à droite entre les maisons par un chemin herbeux qui file au Nord sur 2,5 km et mène à l'église de **Neuvéglise**.

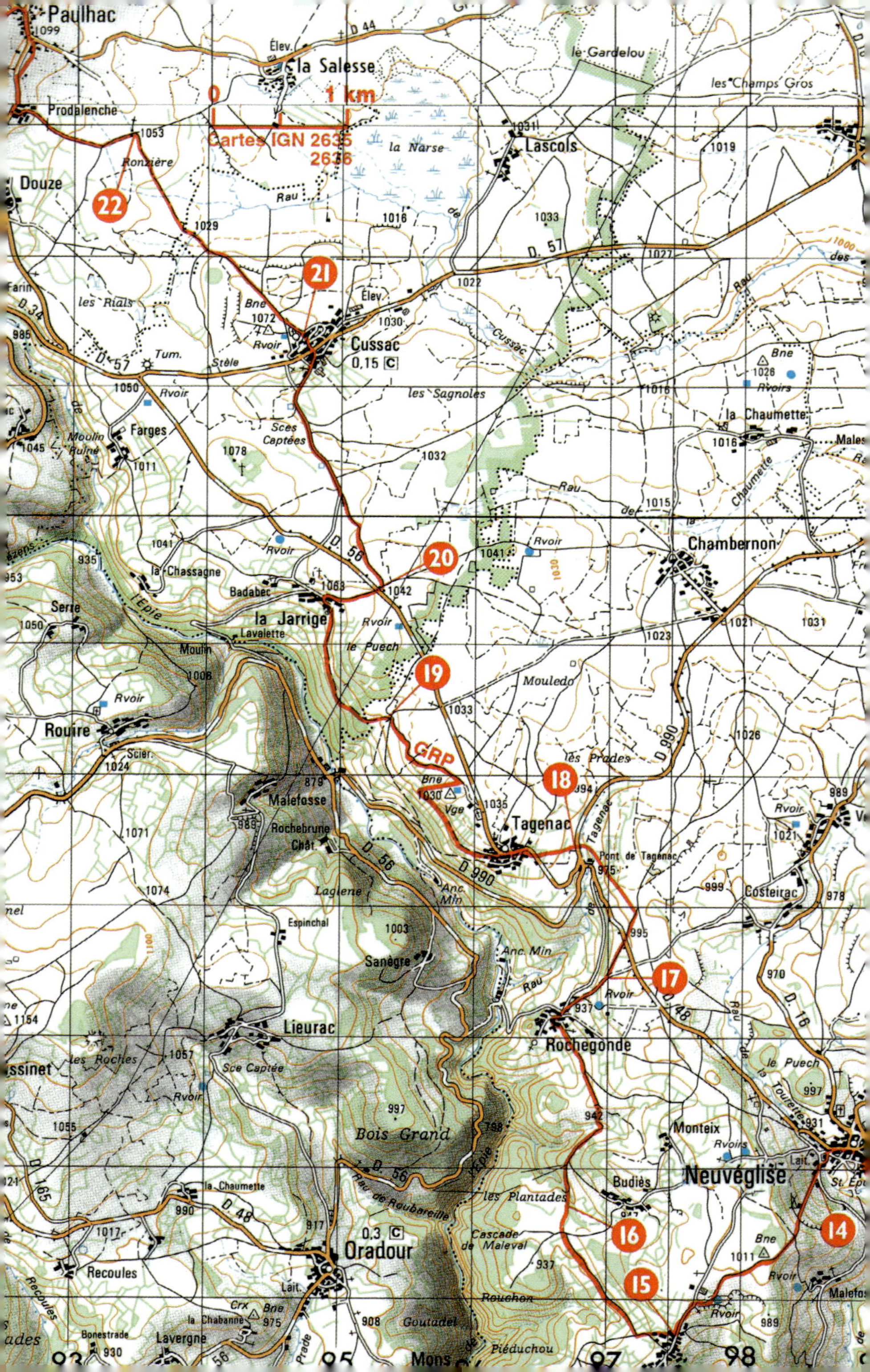
Paulhac
la Salesse
0
1 km
Cartes IGN 2635
2636
Prodalenche
Ronzière
Douze
la Narse
Lascols
le Gardelou
les Champs Gros
D. 44
D. 57
D. 34
les Rials
Cussac
0,15 C
Stèle
Tum.
Farges
Moulin Ruiné
les Sagnoles
Sces Captées
la Chaumette
Chambernon
la Chassagne
Badabec
la Jarrige
Lavalette
le Puech
Serre
Moulin
Rouire
Scier.
L'Epie
Mouledo
les Prades
GRP
Tagenac
Pont de Tagenac
Malefosse
Rochebrune Chât.
D 56
D 990
Lagiene
Anc. Min
Espinchal
Sanègre
Costeirac
D 48
D 16
Rochegonde
Lieurac
les Roches
Sce Captée
Bois Grand
Monteix
Neuvéglise
Budiès
les Plantades
Cascade de Maleval
Oradour
0,3 C
la Chaumette
Recoules
la Chabanne
Lavergne
Bonestrade
Goutadel
Pieduchou
Mons
Rouchon
22
21
20
19
18
17
16
15
14

De Neuvéglise à Rochegonde

5 km | 1 h 15

A l'église de **Neuvéglise**, prendre la D 48 vers l'Ouest et descendre par la troisième rue à gauche. Franchir le ruisseau et laisser la laiterie à droite.

14 A la fourche, emprunter la route du camping. Elle se poursuit par un chemin arboré. Prendre la route à gauche et gagner Orcières.

15 Au centre du village, face au calvaire, se faufiler à droite sur le chemin entre les maisons et continuer sur 300 m. Tourner à droite. Plus loin, traverser le carrefour et, à la fourche, virer à droite.

16 Franchir le ruisseau de Budies (peu visible). Remonter vers la cote 942 et suivre, en négligeant les chemins de droite et de gauche, le chemin d'exploitation jusqu'à **Rochegonde**.

De Rochegonde à Cussac

8,5 km | 2 h 20

A Cussac :

A l'Est de **Rochegonde**, laisser la route du Monument-aux-Morts pour emprunter le chemin caillouteux qui suit.

17 A la fourche, prendre la sente herbeuse à gauche. Couper la D 48 et continuer par le chemin en face sur 150 m. Trouver à gauche un chemin qui descend à la D 990. Remonter par celle-ci sur 400 m.

18 Obliquer par le chemin herbeux à gauche. Au croisement, virer à gauche vers Tagenac. A l'entrée du village, couper la D 56 et suivre la route en face jusqu'à l'abreuvoir. Monter à droite puis à gauche par un sentier herbeux sur 700 m pour contourner et accéder au rocher de la Vierge. Regagner le chemin et, peu après, au croisement, prendre à gauche la piste sablonneuse. Elle conduit à un carrefour.

19 Poursuivre en face et, plus loin, prendre le chemin herbeux à gauche qui mène à La Jarrige. Au centre du village, tourner à droite. Couper la D 58 et continuer en face sur quelques mètres.

20 Partir à gauche sur un sentier herbeux. A la croix, poursuivre par la route à droite et arriver à **Cussac**.

De Cussac à Paulhac

3 km | 45 mn

A Paulhac :

A **Cussac**, monter à l'église.

21 Prendre à droite le chemin d'exploitation empierré. Au second croisement, suivre le chemin qui traverse les pacages pour atteindre le carrefour de la Tombe-de-la-Dame (sarcophage).

22 Tourner à gauche, puis emprunter le chemin de terre à droite. Il mène à Prodalenche et à la D 34. Poursuivre à droite sur 400 m et trouver à droite une allée arborée qui mène vers la fontaine centrale de **Paulhac**.

Planèze : terre de mégalithes

Venant du grec *méga* (grand) et *lithos* (pierre), le mot mégalithe désigne les "constructions " préhistoriques constituées de grosses pierres.
On rencontre deux catégories : les menhirs et les dolmens.
Ces monuments peuvent être datés de l'époque néolithique, quand les civilisations des premiers paysans ont remplacé celles des chasseurs (vers - 5000 à - 2000 avant JC).
Les dolmens se présentent sous la forme de grandes dalles, reposant sur des blocs plantés qui délimitent un espace plus ou moins vaste. Les dolmens servaient de tombeaux : des ossements et divers objets ont été trouvés lors de fouilles successives.
Appelés pierres plantées (dans le pays), les menhirs sont des monolithes élevés verticalement. La plupart du temps, ces pierres sont brutes, non retravaillées et isolées. Leur implantation reste un mystère pour les chercheurs. Dans les environs de Saint-Flour, plusieurs sites sont à découvrir. Près des Ternes, se trouvent les dolmens d'Alleuzet et du Bois-Grand. Celui de la Crousette est construit dans un bosquet de pin, à proximité de Védernat de Roffiac. Sériers possède trois mégalithes : le menhir christianisé de Croix Grosse, le dolmen de la Table du Loup avec sa dalle affaissée et le petit menhir de la Pierre Plantade-Villedieu n'est pas en reste : on y trouve les monuments nommés Pierre Levée 1 et 2 et la très connue Tombe du Capitaine, dolmen orné de traits et de cupules. Deux autres dolmens sont situés à Bardons et Touls de Coltines.
Enfin, on ne peut omettre de citer les célèbres dolmens sous tumulus de Mons-de-Saint-Georges (bordure de l'autoroute A 71) qui ont livré un riche mobilier archéologique (visite au Musée de la Haute-Auvergne à Saint-Flour).
Depuis peu, et sous l'égide de l'association Sud-Auvergne et de la Communauté de communes du pays de Saint-Flour, il existe une " route des Mégalithes " permettant une découverte de ces différents sites.

Dolmen de Védernat.
Photo DRAC Auvergne.

Lescure et son pélerinage

Le village de Lescure-de-Valuéjols est situé en bordure de la Planèze, à près de 1200 m d'altitude. Chaque année, en juillet, une grande foule envahit le lieu pour un pèlerinage qui reste l'un des plus importants de la région. Mais pourquoi ce pèlerinage ?
C'est un jeune berger nommé Jean Paille qui, au début du 18e, eut une apparition. La Vierge Marie lui parla et lui demanda de construire une chapelle à la place d'une ancienne croix de pierre.
Après avoir insisté, les habitants décidèrent de bâtir la chapelle au bourg. Mais Jean Paille aidé par la Vierge réussit à les dissuader. L'édifice fut donc élevé sur le Puech-de-Besse et porta le nom de Notre-Dame-de-la-Visitation.
Porté par la foi, le berger Jean Paille parcourut le pays pour recueillir des fonds, avant de mourir en 1790 à Saint-Flour.
L'église actuelle date du 19e. Elle fut construite sur les ruines de l'ancienne. On conserva le chœur qui devint la partie du fond que l'on voit aujourd'hui. Hélas la dalle de couverture n'est plus en place.

Apparition de la Vierge de Lescure. *Lithographie du 18e s.*

Albepierre-Bredons
Col de la Molède
le Ché
Malevieille
Jarrioux
N. D. de la Visitation
Lescure
Brageac
Galuse
St-Maurice
Chambon
le Frau
les Barthes
Bois des Pouzes
les Places
les Emillards
Chambeyrac
la Gardille
Prathuron
Sauvages
Bressanges
les Meliges
le Pradous
les Maillots
Paulhac
Puy de Mer
Bois des Fraux
B. des Fraux
Gazel
Roche Jean
le Frau Haut
le Frau-Bas
Malesargues
Puy des Eschamps
le Puy du Coucu
Puy de Niermont
Vacherie de Niermont
Col de Prat de Bouc
Puy de Prat de Bouc
Variante GR 4
GR 4
GRP
GR 400
le Pas de Bœuf
Cascade des Vergnes
le Creux de Forêt
la Montagne de Chairol
les Combes
les Sarlous
les Prés Longs
les Trois Pierres
la Sagnette
la Combe
Belinay
Bois de Belinay
Bois de Muratel
Muratel
la Montagne du Cibial
Vacherie du Cibial
Puy de la Jambe
Puy de la Belle Viste
Burons de la Mouche
Riv. St. Pomp.
D 39
D 44
D 134
1 km
Cartes IGN 2435 - 2535
2536
23
24
25
26
27

► A partir de Paulhac, il est possible d'utiliser la variante Sud qui passe à Tanavelle et permet de rejoindre Saint-Flour en une seule étape **(description pages 115 et 119 en regard du tracé)**.

De **Paulhac** à **la jonction de la variante du GR®4** 10 km 2 h 30

Place de l'Eglise, à **Paulhac**, prendre la première route à gauche sur 1 km, puis le premier chemin à droite et atteindre le bois du Puy de Mercou. Le longer et aboutir sur la D 44. La suivre à droite.

23 Après le réservoir, s'engager sur le chemin à gauche. Emprunter la route à gauche jusqu'à la sortie de Bressange, puis le chemin à gauche sur 750 m.

24 Tourner à droite et continuer par la route jusqu'à Sauvage. Virer à gauche de la chapelle et suivre une petite route.

25 50 m avant la ferme de Fraux-Haut, obliquer à droite puis à gauche pour entrer dans le bois des Fraux. A la clairière, suivre le chemin à gauche sur 3 km, sortir du bois et arriver à la jonction avec la **variante du GR®4**.

► La variante du GR® 4 vient à gauche du col de Prat-de-Bouc où passe le GR® 400 (voir page 33). Cet itinéraire suppose de bien suivre le balisage en raison des fréquents brouillards.

Variante pour le col de Prat-de-Bouc 6 km 2 h

Au col de Prat-de-Bouc :

Voir tracé sur la carte.

De la **jonction avec la variante GR®4** à **Lescure** 1,5 km 30 mn

26 A la **jonction**, emprunter la piste à droite et gagner **Lescure**.

► Jonction avec le GR® 4 qui vient à gauche d'Albepierre-Bredons (voir page 33). A droite, les deux GR® sont communs jusqu'à Saint-Flour. A gauche, le GR® 4 permet de rejoindre le GR® 400 au col de Prat-de-Bouc, par Albepierre-Bredons.

Variante pour le GR® 400 6 km 2 h

De Lescure à Albepierre-Bredons 6 km 1 h 30

A Albepierre :

D'Albepierre-Bredons au col de Prat-de-Bouc 6 km 2 h

Au col de Prat-de-Bouc :

Voir tracé sur la carte *(bien suivre le balisage)*.

De **Lescure** à **Valuéjols** 5 km 1 h 15

A Valuéjols :

27 Gagner Lescure-Bas par la route au Sud-Est de l'église. Traverser le pont au bas du village et aller jusqu'à Brageac. A l'entrée du hameau, prendre le chemin à gauche. Il mène à Galuse. Là, emprunter la route à gauche sur 500 m, puis le chemin à droite et arriver à Valuéjols

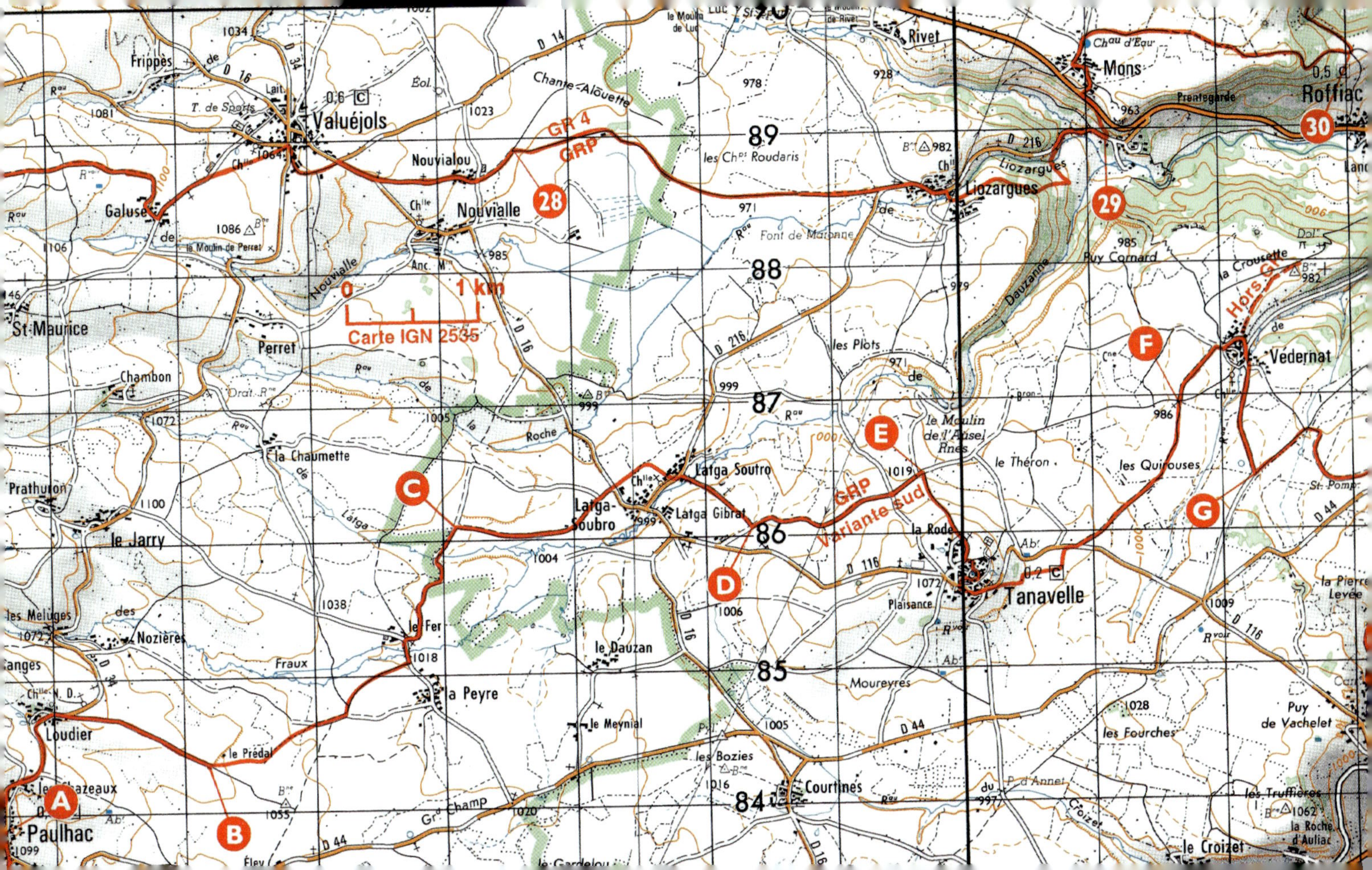

Carte IGN 2535
0
1 km
GR 4
GRP
GRP Variante sud
Hors GR
A
B
C
D
E
F
G
28
29
30
Valuéjols
Nouvialle
Nouvialou
Liozargues
Mons
Roffiac
Rivet
Vedernat
Tanavelle
Latga Soutro
Latga-Soubro
Latga Gibrat
la Rode
Plaisance
le Théron
les Quirouses
Courtines
Paulhac
Loudier
le Prédal
la Peyre
le Fer
le Dauzan
le Meynial
les Bozies
Moureyres
les Fourches
Puy de Vachelet
les Truffières
la Roche d'Auliac
le Croizet
la Pierre Levée
Puy Cornard
Font de Maronne
les Plots
le Moulin de l'Ausel
les Chps Roudaris
Chante-Alouette
Galuse
Frippès
St-Maurice
Perret
Chambon
la Chaumette
Prathuron
le Jarry
Nozières
les Meluges
Fraux
Prentegarde

De Valuéjols à Liozargues 5,5 km 1 h 20

Quitter **Valuéjols** par la D 34 en direction de Paulhac et partir à gauche le long d'un grand bâtiment. Déboucher dans un carrefour. Prendre la D 16 à droite sur 300 m, puis, à la fourche, la route à gauche. Traverser Nouvialou, couper la route en contrebas et prendre en face un large chemin.

28 A la première bifurcation, aller à droite et continuer plein Est, en laissant la narse de Nouvialle sur la droite. Emprunter la D 216 à gauche et gagner **Liozargues**.

De Liozargues au carrefour (907 m) 5 km 1 h 20

Au centre de **Liozargues**, à la boîte postale, prendre la rue à droite. Après le pont, passer sous la ligne électrique et suivre à gauche le chemin de terre en contrebas d'une ferme, sur 600 m. Descendre par la piste de gauche à la D 216. L'emprunter à droite et franchir le pont des Landes.

29 Monter par le second chemin à gauche. Après l'abreuvoir, couper la D 926, puis traverser Mons et arriver au château d'eau. Bifurquer à droite et, par une piste, arriver au **carrefour (907 m)**.

► La suite de l'itinéraire principal est décrit à la fin de la page 117.

Variante Sud par Tanavelle 23 km 5 h 45

De Paulhac à Latga 7 km 1 h 45

A Dans **Paulhac**, prendre la D 34 en direction de Valuéjols jusqu'à la sortie de Loudier, puis s'engager à droite sur le chemin empierré.

B Trouver à gauche un chemin herbeux, franchir une chicane et longer le pré. Suivre le chemin de terre à droite sur 250 m. Au carrefour, aller à gauche puis à droite sur un sentier. Emprunter la route à gauche et gagner Le Fer. Suivre le chemin à droite et passer le premier carrefour.

C Au second carrefour, prendre le chemin à droite et atteindre l'entrée de **Latga**. Couper la D 16.

De Latga à Tanavelle 3 km 45 mn

A Tanavelle :

Se faufiler en face entre pierres et murets. Tourner sur le deuxième chemin à droite et traverser **Latga**, la route puis le pont. Continuer par la route sur 500 m.

D Virer à gauche. Après une barrière, s'engager à droite sur un chemin encombré. Poursuivre par la route en face sur 300 m.

E Prendre à droite le chemin pierreux qui monte à **Tanavelle**.

De Tanavelle à Védernat 4 km 1 h

Dans **Tanavelle**, bien suivre le balisage pour sortir au Sud par la D 116. L'emprunter sur 300 m, puis prendre le chemin à droite. Couper la D 116 et continuer par le chemin au Nord-Est.

F Au calvaire, bifurquer à droite et descendre jusqu'à la route à l'Est de **Védernat**.
Dans Védernat, un chemin balisé mène à un dolmen (1 km aller-retour).

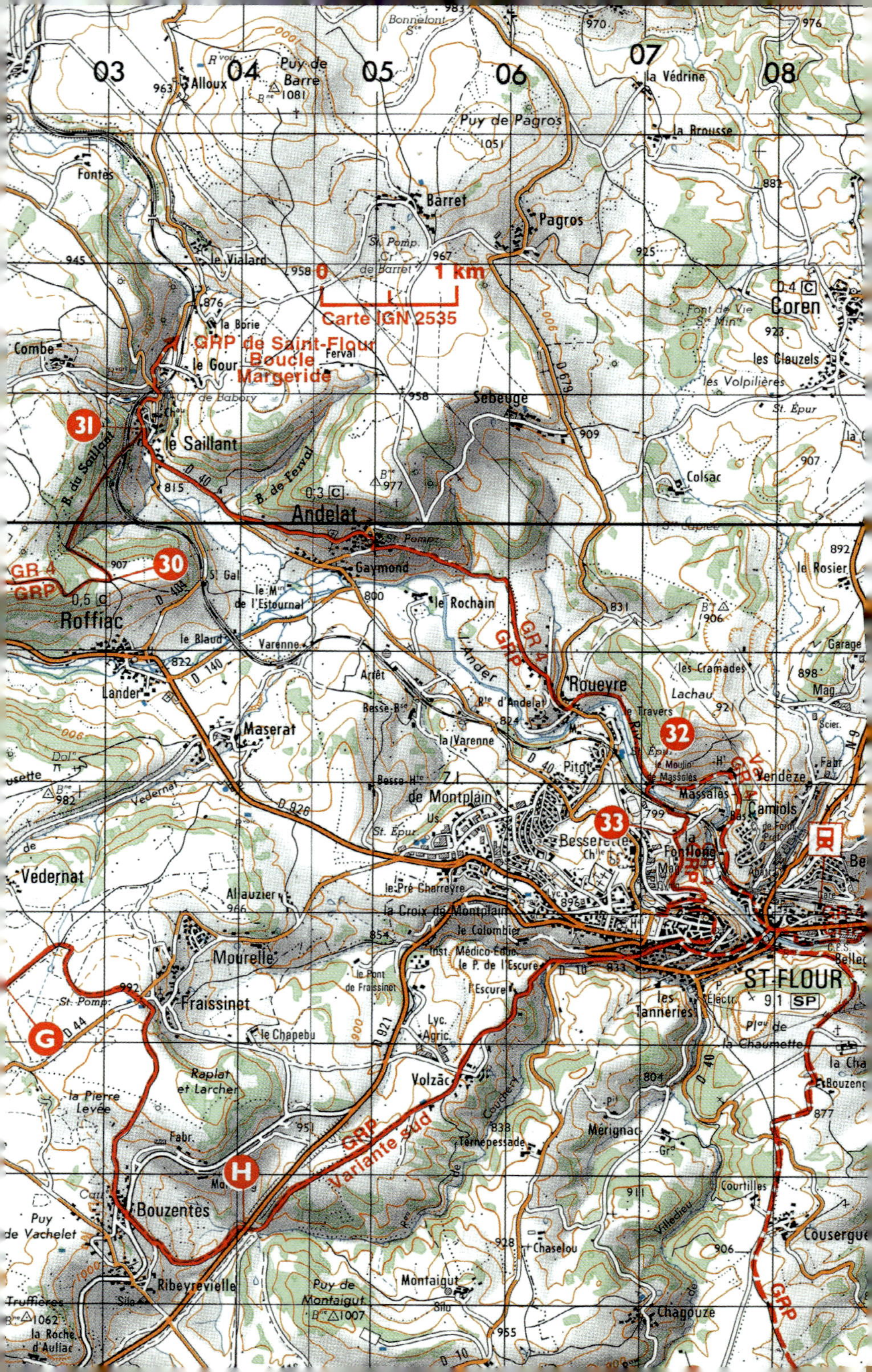

03
04
05
06
07
08
Alloux
Puy de Barre
1081
Bonnefont
la Védrine
Puy de Pagros
la Brousse
Fontès
Barret
Pagros
le Vialard
St. Pomp.
Cr. de Barret
0
1 km
Carte IGN 2535
GRP de Saint-Flour
Boucle Margeride
Coren
Font de Vie
St. Min.
les Clauzels
les Volpilières
Combe
la Borie
le Gour
Ferval
Cau de Babory
Sebeuge
St. Épur
31
le Saillant
B. du Saillant
B. de Ferval
D 40
D 679
Colsac
Andelat
Gaymond
30
GR 4
GRP
St. Gal
le Mn de l'Estournal
le Rochain
le Rosier
Roffiac
le Blaud
Varenne
Roueyre
les Cramades
Lachau
Garage
Lander
D 140
Arfeuil
Rte d'Andelat
Besse-Bte
le Travers
32
Maserat
la Varenne
Pitou
le Moulin Massalès
Massalès
Vendèze
Camols
Besse Hte
de Montplain
33
Besserette
la Fontlong
Vedernat
Vedernal
D 926
St. Épur
le Pré Charreyre
la Croix de Montplain
le Colombier
Allauzier
Mourelle
Inst. Médico-Educ.
le P. de l'Escure
l'Escure
D 10
ST FLOUR
les Tanneries
Pl.au de la Chaumette
St. Pomp.
Fraissinet
le Pont de Fraissinet
Lyc. Agric.
G
D 44
le Chapebu
Volzac
Raplat et Larcher
la Pierre Levée
Fabr.
GRP Variante sud
Ternepessade
Mérignac
H
Bouzentès
Courtilles
Chaselou
Couserguès
Puy de Vachelet
Ribeyrevielle
Puy de Montaigut
Montaigut
Chagouze
Truffières
la Roche d'Auliac
D 10

Suite de la Variante Sud par Tanavelle

De Védernat à Bouzentès 4 km 1 h

Laisser **Védernat** et emprunter la route à droite sur 600 m.

G Quitter la route à gauche et utiliser une sagne sur 250 m. Prendre à droite le chemin et couper la D 44. En face, suivre le chemin à droite et gagner **Bouzentès**.

De Bouzentès à la ville-haute de Saint-Flour 5 km 1 h 15

A **Bouzentès**, descendre à la D 921. La traverser et prendre le chemin d'exploitation qui atteint la déviation. Utiliser le boviduc pour la franchir *(route dangereuse)*.

H A la fourche, aller à gauche et gagner Volzac. Suivre la route en face, passer le pont de Lescure et prendre à droite la D 10. Traverser la grande route et continuer tout droit pour arriver à la maison des Planchettes *(gîte d'étape)*. Franchir la porte du Thuile pour accéder à la **ville-haute de Saint-Flour** *(voir plan p. 62)*.

► Le texte ci-dessous décrit l'itinéraire principal

Du carrefour (907 m) au Saillant 2 km 30 mn

30 Au **carrefour**, prendre le chemin à gauche, d'abord en lisière des prés, puis à travers un bois. Franchir la voie ferrée et atteindre la D 404 à hauteur du **Saillant**. Descendre sur le parking.

► Jonction avec la boucle *Monts de la Margeride* (voir page 65).

► On peut aller voir la cascade de Babory située à 400 m (suivre la pancarte).

Du Saillant à Andelat 2 km 30 mn

31 Pour quitter Le Saillant, prendre la D 40 au Sud, puis la D 340 à gauche et gagner l'église d'Andelat.

D'Andelat à la ville-haute de Saint-Flour 6 km 1 h 30

A Saint-Flour :

Après l'église d'**Andelat**, descendre et suivre à gauche le chemin qui conduit au hameau de Roueyre. Couper la D 679 et s'engager, en face, sur un chemin pierreux puis herbeux qui surplombe la rivière jusqu'au moulin de Massalès.

► La variante balisée qui continue tout droit permet de gagner la ville-basse de Saint-Flour et la gare en 1 km *(voir tracé sur la carte)*.

32 Prendre la route à droite jusqu'au deuxième carrefour devant une maison.

33 Virer à gauche et, au réservoir, à gauche. Après le centre de télécommunications, suivre à droite le chemin qui monte en zigzags aux allées Georges-Pompidou dans la **ville-haute de Saint-Flour** *(voir plan p. 62)*.

Clochers à peigne et art roman

La montagne cantalienne ayant craché sa lave basaltique, les hommes de cette terre n'ont pas hésité à puiser dans cette richesse minérale pour bâtir des églises à nulle part ailleurs égalées.
Le Cantal s'est ainsi couvert d'églises romanes dès le 10e siècle. L'utilisation des roches d'ici donne, à ces constructions, un aspect unitaire et, de leurs murs, sourd une grande sérénité. Une visite s'impose pour les découvrir et les apprécier.
L'une de leurs caractéristiques réside, entre autres, dans leurs clochers à peigne, typique de l'architecture religieuse planézarde.
A Roffiac, l'église datée du 12e siècle est sous l'invocation de saint Gal. Elle servait jadis de chapelle au château. Celle d'Andelat est construite en tuf rougeâtre. Elle porte le nom de Saint-Cirgues. Son clocher à peigne comporte quatre baies desservies par une tour ronde. Moins ancienne, la Chapelle nord existe depuis le 15e siècle. D'autres lieux des environs ont aussi leur clocher à peigne : Valuéjols, Saint-Maurice, Les Ternes...

Clocher à peigne à Albaret-le-Comtal. *Photo P. J.*

Daniel Bruges

Les carrières de Bouzentes - Ribeyrevieille

Ce qui surprend quand on arrive dans les villages de Bouzentes et de Ribeyrevieille, c'est l'omniprésence de la pierre.
La raison de cet état est simple. Le sous-sol est riche d'un basalte gris pâle à structure dolérique. Agée d'environ 4,2 millions d'années, cette grande coulée couvre une surface de près de 60 km2. Si on observe finement la roche, on découvre de multiples baguettes de feldspath. Entre ces réseaux enchevêtrés, des cristaux d'olivine apparaissent. Comme ils sont riches en fer, les cristaux deviendront couleur rouille en s'altérant.
Ce basalte se travaille facilement, d'où la présence ancienne de carrières et d'artisans tailleurs de pierres. Les blocs travaillés sont utilisés dans les constructions traditionnelles. Même la cathédrale de Saint-Flour en a profité pour ses murs solides et altiers.
Actuellement, une partie de cette production est destinée aux monuments funéraires.

Daniel Bruges

Terre de Grizols et potiers de Saint-Flour

Grizols de Saint-Georges est le pays de l'argile. L'extraction de cette terre se poursuit encore aujourd'hui. La briquetterie en demeure le témoin actif.

Au cours des siècles, bon nombre des potiers et tuiliers qui ont officié dans la capitale de la Haute-Auvergne sont d'abord passés par Grizols. Fabriquant la vaisselle de tous les jours (assiettes, écuelles, cruches, pots, plats...), les tuyaux de canalisation, les tuiles romaines, ces artisans avaient une solide réputation.

Les maisons de Saint-Flour et de sa région sont couvertes de ces tuiles qui défient le temps. On peut également voir plusieurs rangées de ces tuiles mises pour décorer et appelées des génoises.

La tradition raconte qu'avant toute nouvelle cuisson, les potiers faisaient brûler un cierge dans l'un des deux oratoires situés rue du Thuile-Bas à Saint-Flour. La Vierge aux douleurs veillait sur eux.

D'après l'historien Louis Bac, les ouvriers de Grizols terminaient leur apprentissage chez un maître-potier, puis s'installaient à leur compte dès qu'ils le pouvaient. Souvent, le métier se transmettait de père en fils.

Daniel Bruges, d'après Louis Bac

Saint-Flour. *Photo Mairie de Saint-Flour/P. S.*

La marmotte

Mammifère de l'ordre des rongeurs, pouvant atteindre une taille de 90 cm et un poids d'environ 7 kg, la marmotte a colonisé le massif cantalien dès 1989, en provenance de Queyras dans les Alpes. Elle s'est particulièrement bien adaptée aux zones de rochers et de pelouses d'altitude des alentours du Puy Mary. Elle y a creusé de nombreux terriers où elle fait ses petits et hiberne d'octobre à mars. Elle se nourrit principalement de végétaux divers, de racines et de bulbes. Son cri strident, signal de danger pour les autres marmottes de la colonie, est caractéristique.
Le comptage de 1999 dans le cantal a recensé une vingtaine de colonies de 5 à 10 animaux.

Photo R. B.

Le puy de Peyre Arse

Séparant les vallées de l'Impradine et de la Santoire et dominant le cirque de la Jordanne, le puy de Peyre-Arse est plus haut que le puy Mary. Sa crête facile invite à parcourir cet imposant vestige du volcan cantalien.

1 De la fontaine de la Gravière, suivre la route qui monte au hameau de La Courbatière. Au croisement, prendre la ruelle à droite pour déboucher sur la route. Emprunter la piste à gauche de la ferme d'en face. Aller à gauche en direction des pâtures. A l'intersection, continuer tout droit et franchir une clôture. Poursuivre sur la piste herbeuse qui monte. Laisser un abreuvoir à main gauche.

2 Virer à gauche et passer une claie. Grimper et tourner à droite au pied de la barre rocheuse. Poursuivre au Sud-Ouest. Franchir une clôture et, quand le chemin s'estompe, regagner la crête. Obliquer légèrement à droite pour atteindre des ruines.

3 Après les ruines, partir à gauche au Sud-Ouest. Passer sur le versant de la Santoire et rester sous la crête. Regagner progressivement la crête sur la droite et se diriger vers un éperon rocheux. Le contourner par la gauche. Poursuivre sous la crête. Traverser les genêts et passer le long d'un pierrier. Remonter sur la crête pour rejoindre un petit col.

4 Prendre le sentier qui grimpe, arriver sur un replat et bifurquer à gauche pour gagner les éboulis. Rester en contrebas de la crête. Poursuivre sur la courbe de niveau pour arriver au pied des éboulis. Continuer en montant légèrement jusqu'à un petit col.

5 Commencer l'ascension et gagner le cairn du sommet du Peyre-Arse. Redescendre à droite par l'arête qui domine la vallée de l'Impradine. Continuer jusqu'à une patte d'oie.

6 Tourner à gauche. Le sentier traverse le versant Sud du Peyre-Arse jusqu'au col de Cabre.

7 Descendre à gauche par les lacets jusqu'au fond de l'ancien cirque glaciaire. Poursuivre à travers les pâturages humides et atteindre un buron.

8 Passer à gauche du bâtiment pour trouver un chemin qui mène à la ferme de la Boudio. Continuer par la route et rejoindre le parking.

Fiche pratique 1

4 h
12 Km

1806m
1076m

Situation Lavigerie, à 14 km à l'Ouest de Murat par la D 680

Parking fontaine du hameau de La Gravière

Balisage

1 à 6 vert
6 à 7 blanc-rouge
7 à 1 vert

Difficulté particulière

- chiens interdits, même tenus en laisse (troupeaux de vaches)

Ne pas oublier

À voir

En chemin

- La Courbatière : maisons anciennes
- ruines d'un hameau de bergers
- point de vue sur le massif

Dans la région

- pas de Peyrol
- Dienne : église romane
- Murat : bourg pittoresque, église 15e (statue de Notre-Dame-des-Oliviers), panorama du rocher de Bonnevie, musée de la Faune

Le chamois

Photo R. B.

Egalement appelé isard dans les Pyrénées, le chamois est un ruminant de l'ordre des ongulés. Sa fourrure est de couleur brun/fauve, et il arbore des bandes noires et blanches sur la tête. Sa particularité vient du fait que mâles et femelles sont tous deux pourvus de petites cornes, fines et recourbées. Ses territoires de prédilection sont les crêtes rocheuses et les éboulis, ainsi que les pelouses et forêts d'altitude en hiver. Son régime alimentaire est constitué d'herbes, de feuilles et de lichen.

Animal typiquement montagnard, le chamois fut introduit en 1978 dans les monts du Cantal, à l'initiative des fédérations de chasseurs. On dénombre aujourd'hui environ 500 individus.

Le puy de Chavaroche

Faînes de hêtre. *Dessin N. L.*

Depuis des temps immémoriaux, en passant le sommet du puy Chavaroche, les hommes ont posé leur pierre au grand cairn. Peut-être ont-ils toujours été impressionnés par la majesté du site au point de croire que c'était un lieu magique.

1 Du virage de la route, prendre à gauche le chemin au Sud-Ouest qui grimpe jusqu'au col de Redondet.

2 Poursuivre la montée vers le cairn du puy Chavaroche.

3 Descendre à droite vers un replat, puis, à flanc, regagner la ligne de crête et atteindre le lieu-dit Le Piquet.

4 Virer à gauche et descendre jusqu'à la prairie de La Fumade Vieille.

5 Prendre le chemin à gauche en direction du puy Mary jusqu'à rejoindre un chemin dans une descente après un virage.

6 L'emprunter à gauche. Franchir le ruisseau des Curedis, puis descendre jusqu'au ruisseau du Touzet. Remonter en face pour gagner deux burons. S'engager entre deux murets, sur un chemin herbeux. Franchir le petit ruisseau de la Planche et poursuivre sur 400 m.

7 Monter à gauche dans une prairie pour arriver dans la forêt. Trouver une clôture, ne pas la franchir, mais continuer à droite pour pénétrer dans une hêtraie.

8 A la patte d'oie, monter à gauche. Grimper en forêt, puis à travers les pâturages et obliquer vers la droite pour retrouver le parking.

Fiche pratique 2

4 h
9,5 Km

1739m
1030m

Situation pied du puy Mary, à 38 km au Nord-Est d'Aurillac par la D 17

Parking virage en épingle à cheveux sous la Roche Noire

Balisage

1 à 4 blanc-rouge
4 à 1 vert

Difficulté particulière

- chiens interdits même tenus en laisse (troupeaux de vaches)

Ne pas oublier

À voir

En chemin

- vue sur le volcan cantalien
- burons

Dans la région

- hameau de Rudez : architecture traditionnelle (toits de lauzes)
- Mandailles : marché de pays (en été seulement), ancien moulin, cascade de Liadouze

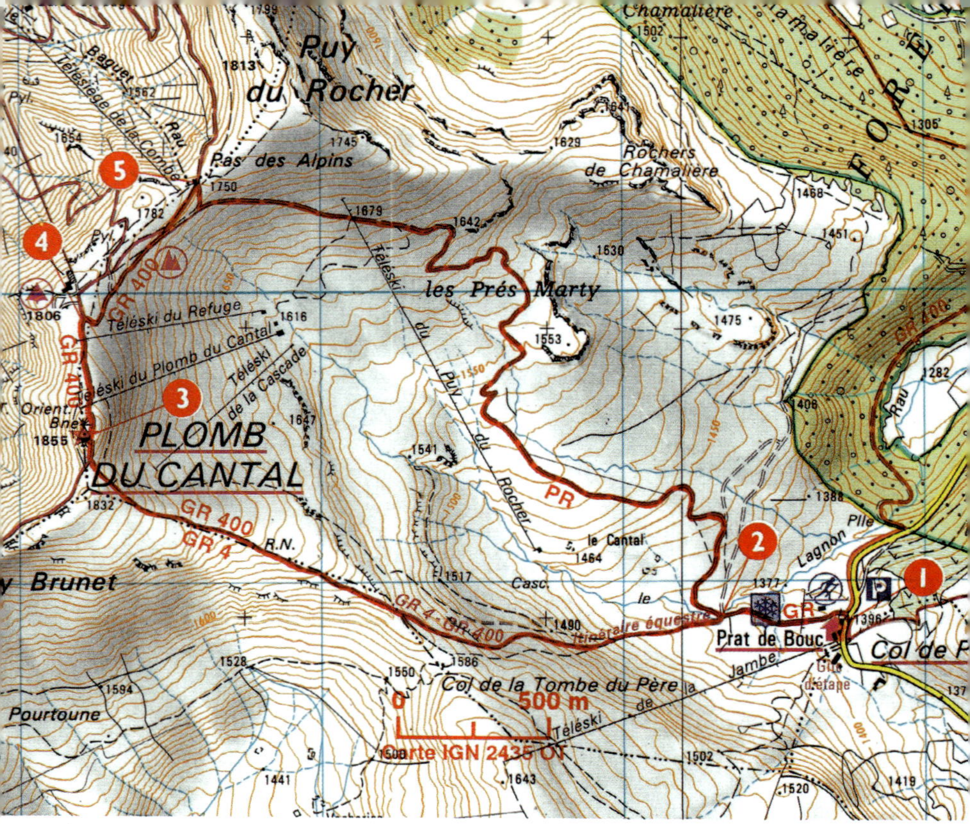

Le mouflon

Introduit dans le Cantal en 1959 et 1966, le mouflon est originaire de Corse et de Sardaigne. Proche cousin du mouton, il appartient à la famille des ovins. Sa fourrure est brune, et le mâle facilement reconnaissable grâce à ses magnifiques cornes en spirale, et à la tâche blanche en forme de selle qui orne ses flancs. Il se nourrit d'une multitude d'herbes et de fleurs, ainsi que de feuilles et d'écorces en hiver.
La population cantalienne compte quelque 430 individus, facilement observables près des sentiers de randonnée situés à proximité des hauts pâturages du Plomb du Cantal.

Mouflon mâle.
Photo R. B.

Le Plomb du Cantal

Anémone pulsatile. *Dessin N. L.*

Le Plomb du Cantal, point culminant du département, offre un tour d'horizon sur le volcan cantalien, les monts du Sancy, les plateaux de la Margeride et de l'Aubrac.

1 Au col de Prat-de-Bouc, prendre le large chemin à droite du bâtiment en L. Poursuivre vers le ruisseau du Lagnon.

2 Franchir un portillon et aller à gauche. Traverser la prairie, puis monter par le sentier entre les rochers. Passer en contrebas du col de la Tombe-du-Père et continuer dans la même direction jusqu'à la crête. Longer à main gauche une clôture, puis bifurquer légèrement sur la droite pour atteindre le sommet du Plomb.

3 Descendre par l'escalier en bois. Passer sous un premier téléski. Continuer jusqu'à l'arrivée d'un second.

4 Descendre à droite par le chemin, puis rejoindre, à l'arrivée d'un télésiège, le Pas des Alpins.

5 Emprunter la piste caillouteuse à droite et descendre en ignorant les embranchements de droite, jusqu'au ruisseau le Lagnon.

2 Tourner à gauche pour retrouver le parking.

Fiche pratique 3

3 h
7,5 Km

1855m
1396m

Situation col de Prat-de-Bouc, à 14 km au Sud-Ouest de Murat par la D 39

Parking au col de Prat-de-Bouc

Balisage

1 à 5 blanc-rouge
5 à 2 jaune
2 à 1 blanc-rouge

Difficulté particulière

■ chiens interdits même tenus en laisse (troupeaux de vaches)

Ne pas oublier

À voir

En chemin

■ tourbières ■ buron et vacheries de Grandval ■ tables d'orientation au sommet ■ mouflons et marmottes ■ oiseaux migrateurs en saison

Dans la région

■ Bredons : église romane 12 e (une des plus remarquables de la Haute-Auvergne) ■ Murat : bourg pittoresque, église 15e (statue de Notre-Dame-des-Oliviers), panorama du rocher de Bonnevie, musée de la Faune

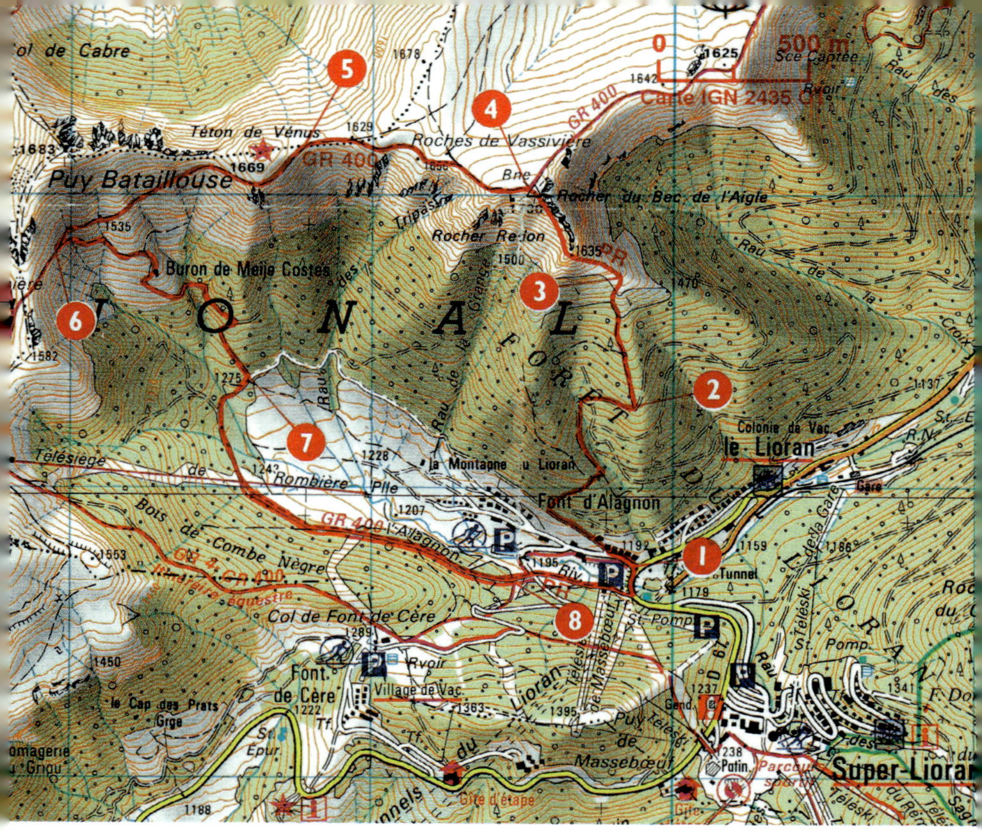

La buse variable

Buse variable.
Dessin P. R.

Rapace très répandu en Auvergne, et notamment dans le Cantal, la buse variable est visible toute l'année. Facilement reconnaissable à sa queue arrondie à l'extrémité noire, son plumage peut être de couleur très variable alliant le blanc, le gris, le fauve et le noir. Elle est fréquemment perchée à l'affût sur un arbre ou un piquet, mais peut planer des heures durant, guettant le moindre frémissement dans l'herbe qui trahirait la présence d'un mulot, d'un campagnol ou d'une musaraigne, qui composent l'essentiel de son menu.

Le Téton de Vénus

Fiche pratique **4**

Callune.
Dessin N. L.

Une balade à travers la forêt puis la lande, jusqu'à la crête qui sépare les vallées de l'Alagnon et de la Santoire, pour découvrir un vaste panorama.

1 Du parking de Font-d'Alagnon, passer devant les commerces. Prendre à droite puis à gauche un chemin caillouteux. Au croisement, se diriger à droite sur 200 m. Au carrefour, monter à gauche dans le bois. Au carrefour suivant, continuer tout droit sur un chemin herbeux et arriver à une patte d'oie.

2 Grimper à gauche dans la hêtraie, puis bifurquer à droite pour traverser une lande à genêts et callunes. Rejoindre un sommet arrondi.

3 Partir à gauche en direction d'un piton rocheux. S'élever par une sente rocailleuse et accéder au sommet du Bec de l'Aigle.

4 Poursuivre à gauche. Franchir une clôture et prendre en face le sentier qui passe au pied du Téton de Vénus

► Il est possible d'en faire l'ascension *(10 mn aller-retour).*

5 Continuer en descendant et franchir un écoulement d'eau.

6 Avant la remontée vers le col de Rombière, virer à gauche et descendre vers le buron de Meije-Costes. Le contourner par la droite pour trouver un bon chemin. Franchir un portillon et continuer dans la forêt. Au croisement, descendre à droite.

7 Prendre à droite la piste forestière, puis la route.

8 Poursuivre par la route, rejoindre le départ d'un télésiège. De là, regagner le parking.

3h30
8 Km

1730m
1179m

Situation Le Lioran, à 12 km à l'Ouest de Murat par la N 122

Parking Font-d'Alagnon

Balisage

1 à 4 jaune
4 à 8 blanc-rouge
8 à 1 jaune

Difficulté particulière

■ chiens interdits, même tenus en laisse (troupeaux de vaches)

Ne pas oublier

À voir

En chemin

■ point de vue sur la vallée de la Santoire
■ flore protégée

Dans la région

■ sapins géants Gargantua, Abietri et Lioranus, le long de la N 122
■ Murat : bourg pittoresque, église 15e (statue de Notre-Dame-des-Oliviers), panorama du rocher de Bonnevie, musée de la Faune ■ Bredons : église romane 12 e (une des plus remarquables de la Haute-Auvergne)

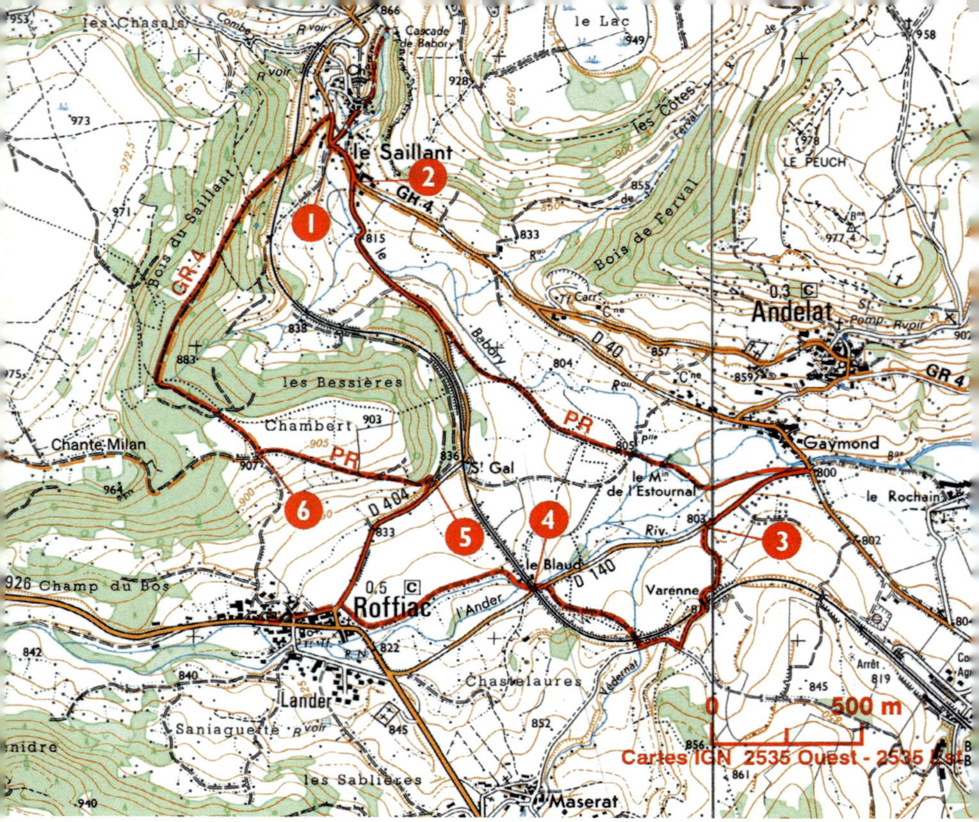

Le moulin du Blaud

Le Blaud est avant tout un endroit magique à regarder. Au plaisir des yeux vient se mêler une envie de connaissances et de découverte. Trois éléments dédiés à l'eau et à la pêche vous permettent de concrétiser votre désir :

- Le musée, ancien moulin à eau du 17e, restauré en un centre d'éducation au milieu aquatique et de promotion du tourisme pêche, aborde dans chacune de ses salles un thème différent (historique de la pêche, étude du milieu aquatique, pollution…)
- La rivière L'Ander, affluent de la Truyère, coule devant le moulin et est agrémentée de panneaux expliquant la végétation rivulaire, les postes à truites, les frayères...,
- Le réservoir de pêche permet de s'adonner aux plaisirs de la pêche à la truite.

Moulin du Blaud. *Photo P. J.*

A.R.P.P.M.A.

Le Sailhant, au fil des eaux

Fiche pratique **5**

2h40
8 Km

907m
800m

Situation Le Sailhant, à 9 km au Nord-Ouest de Saint-Flour par les D 926 et D 404

Parking sur l'esplanade après le pont

Balisage

1 à 2 blanc-rouge
2 à 6 jaune
6 à 1 blanc-rouge

Vous pourrez visiter le musée de la Truite, dans un ancien moulin, apercevoir un château féodal ou le clocher-peigne d'une église romane avant de vous rafraîchir à la cascade de Babory.

Hibou moyen duc.
Dessin P. R.

1 Du parking du Sailhant, franchir le pont et emprunter la D 40 sur quelques mètres.

2 Prendre la D 404 à droite sur 800 m, puis le chemin arboré à gauche qui mène aux ruines du moulin de l'Estournal puis à la D 40. Franchir le pont, puis suivre à droite la D 140.

3 S'engager sur le premier chemin à gauche et franchir le passage à niveau. A l'intersection, virer à droite, passer sous la voie et gagner le moulin du Blaud.

4 Dépasser le moulin par la droite et longer le béal *(amenée d'eau du moulin)* jusqu'à la D 140 à l'entrée de Roffiac. Rejoindre à droite la D 404 et l'emprunter à droite sur 700 m.

5 Prendre à gauche le chemin qui monte jusqu'au bois de feuillus et arriver à une intersection.

6 Tourner à droite sur le chemin. Il traverse un bois, puis passe sous la voie ferrée et gagne Le Sailhant.

► On peut voir la cascade de Babory située à 400 m *(suivre le fléchage)*.

À voir

En chemin

■ viaduc du Blaud ■ moulin du Blaud : musée de la Truite
■ Roffiac : église 12e (clocher à peigne), vestiges du château féodal
■ Le Sailhant : château, cascade de Babory

Dans la région

■ Le Sailhant : croix biface 15e le long de la D 926
■ route des Dolmens
■ Coltines : musée de l'Ostal de la Marissou
■ Murat : bourg pittoresque, église 15e (statue de Notre-Dame-des-Oliviers), panorama du rocher de Bonnevie, musée de la Faune

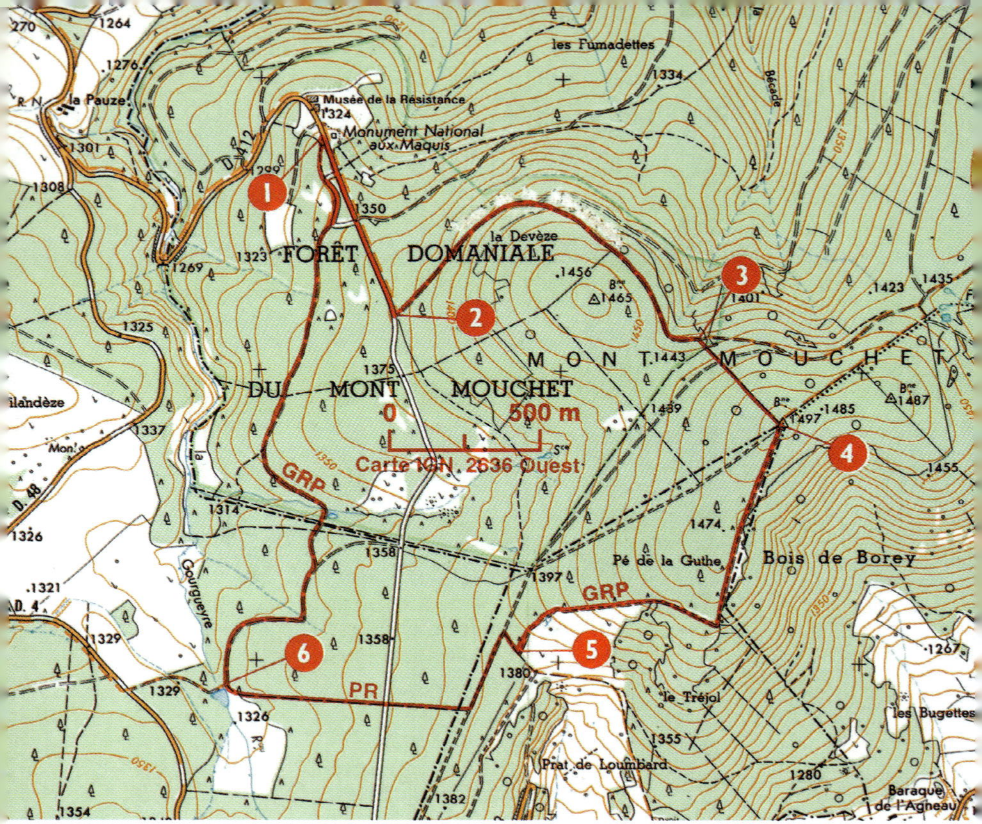

La bataille du Mont Mouchet

Une des nombreuses stèles élevées à la mémoire des maquisards disparus sur les pentes du Mont Mouchet. *Photo P. J.*

Juin 1944. Sur les pentes boisées de la Margeride, dans les genêts et les bruyères, trois mille maquisards résistèrent à l'assaut d'une division allemande. Lutte inégale, sanglants sacrifices, obscurs dévouements perpétués par le Monument national de la Résistance, œuvre de l'architecte Pierre Petit et du sculpteur Raymond Coulon (1946).
Au pied du monument, repose le corps d'un maquisard inconnu.

J. Fouilleron

Tour du mont Mouchet

Fiche pratique 6

2h40
8 Km

1497m
1324m

Situation monument national aux Maquis, à 30 km à l'Est de Saint-Flour par les A 75 (sortie Ruynes-en-Margeride), D 4, D 48 et D 412

Parking esplanade du monument

Balisage jaune-rouge

Ne pas oublier

Au plus profond de la forêt, dans le souvenir de la bataille et des hommes tués au combat, champignons et myrtilles vous attendent.

1 De l'esplanade du monument national aux Maquis, suivre la route forestière qui monte au Sud.

2 Emprunter le second chemin sablonneux à gauche sur 1,2 km.

3 S'engager sur la piste forestière à droite. Elle rejoint directement le sommet du mont Mouchet *(table d'orientation et larges vues sur la Haute-Loire)*.

4 Descendre par la piste au Sud en direction d'Auzenc sur 1 km et atteindre un carrefour.

5 Prendre le chemin boisé à droite, puis se diriger à gauche sur 300 m et partir à droite à travers bois. Couper la route forestière et poursuivre jusqu'à un étang *(réservoir d'incendie)*.

6 Virer à droite sur la piste forestière. Elle ramène à l'esplanade.

Morille
Dessin N. L.

À voir

En chemin

■ monument national aux Maquis ■ belvédère du mont Mouchet ■ musée de la Résistance

Dans la région

■ Auvers : croix 1829, remarquable sculpture de la bête du Gévaudan
■ Saugues : capitale du champignon, tour des Anglais, Vierge 13e, foires, musée de la Bête du Gévaudan
■ Ruynes-en-Margeride : écomusée de la Margeride, jardin de Saint-Martin et tour des Anglais

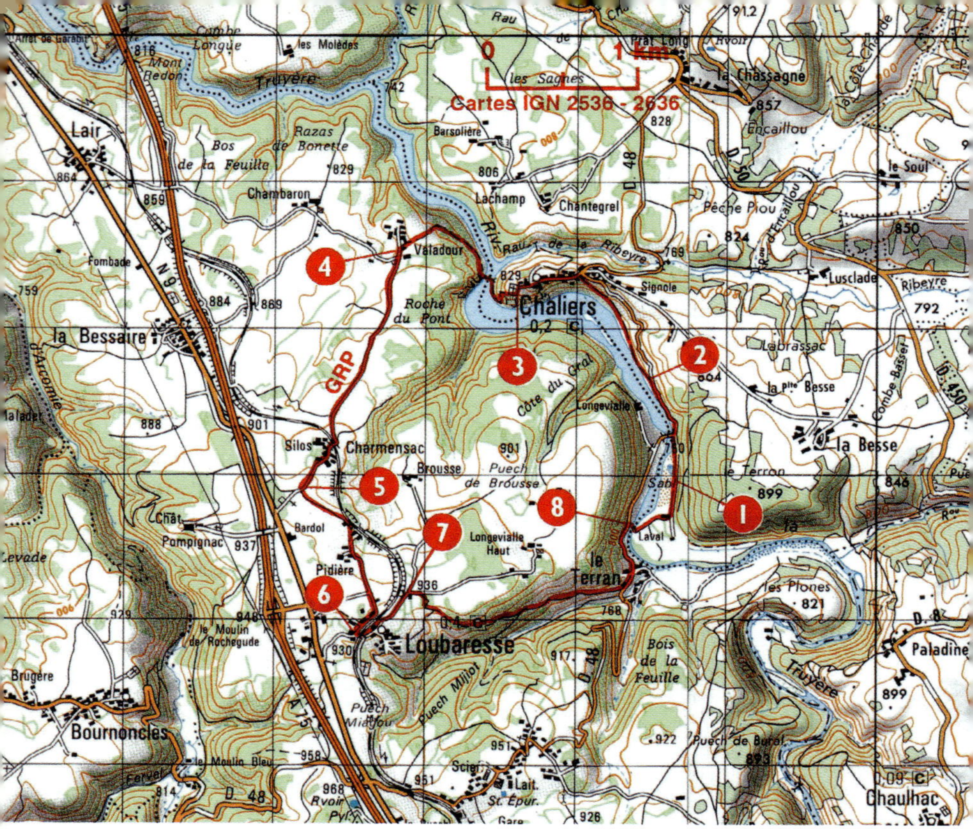

Les foires de Chaliers

Avant la guerre de 1939-45, il y avait à Chaliers deux foires importantes, dont celle du 26 décembre, au cours de laquelle se faisait " la boue " des domestiques de ferme, les bouviers.

Ce jour-là, les intéressés, pour la plupart originaires de la Lozère, étaient accostés dans la foire par les exploitants agricoles venant le plus souvent de la Planèze, et la transaction, la patche amorcée sur la voie publique, se poursuivait au café du coin.

Les bouviers qui venaient de " toucher " leur salaire de l'année s'attardaient fort tard dans la nuit, et quelquefois même le lendemain.

A. Coutarel

Chaliers.
Photo G. P.

Les gorges de la Truyère

Fiche pratique **7**

3 h
9 Km

742m – 936m

Situation Chaliers, à 17 km au Sud-Est de Saint-Flour par les A 75 (sortie n°31), N 9 et D 48

Parking domaine de Laval (près de l'auberge)

Balisage jaune-rouge

Ne pas oublier

Tout près du célèbre viaduc de Garabit, la balade vous emmène sur des passerelles, dans le creux des gorges, tout en vous ménageant un panorama. Au retour, vous découvrirez les installations du domaine de Grandval.

Myrtille. *Dessin N. L.*

1 Rejoindre le pont vers le Nord. Ne pas le franchir, mais poursuivre par la D 48.

2 S'engager sur le premier chemin à gauche et gagner Chaliers. Traverser le village à gauche vers le cimetière.

3 Devant le cimetière, prendre le sentier qui descend à gauche. Franchir la passerelle et remonter jusqu'à la route.

4 Emprunter la route à gauche jusqu'à Charmensac. Traverser le village et poursuivre sur 250 m.

5 Prendre le chemin à gauche (Sud-Est). Il mène à Pidière. Continuer par la route jusqu'à Loubaresse.

6 Franchir le passage à niveau et aller à gauche jusqu'à l'église. Bifurquer à gauche et arriver à un carrefour.

7 Tourner à droite sur quelques mètres, puis prendre à droite le chemin qui descend à travers bois jusqu'à la D 48. L'emprunter à gauche sur 500 m.

8 S'engager à droite sur un petit sentier peu visible. Il rejoint la passerelle. Franchir la Truyère, puis retrouver le domaine de Laval et le parking.

À voir

En chemin

- Chaliers : panorama sur la vallée, église 12e (tombeau des ducs de Mercœur)
- Loubaresse : ferme de Pierre Allègre 19e (visite)
- vallée de la Truyère
- domaine de Laval : pêche, barbecue, baignade non gardée, auberge

Dans la région

- château de Longevialle (histoire du viaduc de Garabit, visite)
- viaduc de Garabit
- Ruynes-en-Margeride : écomusée de la margeride, jardin de Saint-Martin
- mont Mouchet : musée de la Résistance et monument national aux Maquis (visite)

La vierge de Mallet, sauvée des flots

Ce buste en bois polychrome provient de la chapelle de Mallet, détruite avant la mise en eau du barrage de Grandval en 1950.
Cette " vierge à l'enfant " du 15e siècle est désormais conservée dans l'église Saint-Martin-de-Fridefont.
Elle représente l'ancienne façon de langer les enfants, presque momifiés par une ceinture de bandelettes. Inquiète et tendre, la mère tourne son regard vers l'enfant langé.

J.Fouilleron

Vierge de Mallet, en l'église Saint-Martin-de-Fridefont.
Photo P. J.

Le cirque de Mallet

Fiche pratique **8**

3 h
8 Km

935m
748m

Situation Fridefont, à 27 km au Sud de Saint-Flour par les N 9 et D 13

Parking pont de Mallet (côté Sud)

Balisage

1 à 4 jaune-rouge
4 à 1 jaune

Difficulté particulière

■ dénivelés

D'un cirque paisible et pittoresque a surgi un vaste lac offert successivement aux activités nautiques et aux reflets du soleil couchant.

Milan royal.
Dessin P. R.

1 Du parking du pont de Mallet, prendre le chemin qui monte dans les bois, débouche sur le plateau, traverse des landes et arrive à La Bessaire *(vues sur le lac)*. Continuer par la route.

2 Au carrefour, emprunter la route à droite. Au carrefour suivant, suivre la route à gauche. Traverser Le Puech et continuer par la route.

3 Dans le virage, bifurquer à gauche et déboucher sur une route.

► On peut gagner Fridefont, à 800 m, par la route à gauche.

4 Prendre la route à droite sur 600 m.

5 Au calvaire, laisser la route de Bezenchal à droite et suivre le chemin en face. Couper la route et continuer par le sentier qui descend. Déboucher sur la D 13.

► Le belvédère de Mallet se trouve à 300 m à gauche, par la D 13.

6 Emprunter la D 13 à droite et retrouver le parking.

À voir

En chemin

■ Fridefont : église (reliques du village noyé de Mallet sauvées des eaux) ■ vues sur le lac et ses villages ■ belvédère : vues sur le cirque de Mallet ■ Mallet : baignade surveillée en juillet-août.

Dans la région

■ barrage de Grandval ■ Faverolles : château de Chassan, Compagnons du Buffadou (restaurant, produit du terroir) ■ viaduc de Garabit, construit par Gustave Eiffel ■ site et château d'Alleuze 13e

Histoire d'hier et d'aujourd'hui

Gorges du Bès. *Photo P. J.*

La présence de conduites forcées près de la chambre d'eau remonte à la Grande Guerre. A cette époque, la construction d'entreprises métallurgiques, à l'abri de l'invasion, est indispensable aux besoins des armées. Saint-Chély-d'Apcher est bien placé pour recevoir minerai de fer et houille, mais une énergie électrique importante est nécessaire. A proximité, le Bès et la Bédaule drainent le plateau de l'Aubrac, puis descendent ensuite de plus de 150 m en moins de 8 km à travers une vallée profonde et chaotique. La construction de l'usine électrique du Vergne est décidée, et quelques mois plus tard un tunnel de 10 km sera bientôt foré dans le versant ouest du Bés. L'usine de Saint-Chély-d'Apcher reçoit désormais son électricité.

Paul Jouve

Le sentier des Espagnols

Fiche pratique **9**

3h15
9 Km

988m
830m

Situation Maurines, à 40 km au Sud de Saint-Flour par les D 921 et D 413

Parking place du hameau de Morsanges

Balisage

1 à 2 jaune-rouge
2 à 4 vert
4 à 1 jaune-rouge

Ce n'est pas le Verdon, mais on trouve, dans les gorges du Bès, les plus beaux rochers d'escalade du Cantal. Restez sur le sentier... pour profiter du point de vue.

Epilobe.
Dessin N. L.

1 Sur la place de Morsanges, prendre le chemin empierré qui part à l'Est et descend jusqu'à la Chambre d'Eau.

2 Juste avant d'arriver à la Chambre d'Eau, s'engager à droite sur le sentier. Il franchit le tunnel, descend un peu, puis tourne à droite pour rejoindre le sentier qui surplombe les gorges du Bès sur 2 km. Arriver à une bifurcation.

► Il est possible d'utiliser le sentier à droite qui dessert les rochers d'escalade, pour regagner le plateau en cas de nécessité.

3 Poursuivre tout droit. Sortir des gorges à la dernière chicane.

4 Prendre le chemin à gauche en laissant le chemin et la cabane de droite. Remonter par le chemin forestier jusqu'au plateau.

5 A la clairière, emprunter la laie forestière à droite. Continuer par la route. Traverser Le Chazals, La Grenouillère et retrouver Morsanges.

À voir

En chemin

- Morsanges : four banal
- conduites forcées de la Chambre d'Eau
- rochers d'escalade
- vue sur la tour et la chapelle d'Arzenc-d'Apcher

Dans la région

- barrage de Grandval.
- Faverolles : château de Chassan, Compagnons du Buffadou (restaurant, produit du terroir)
- Chaudes-Aigues : eaux minérales les plus chaudes d'Europe, musée de la Géothermie

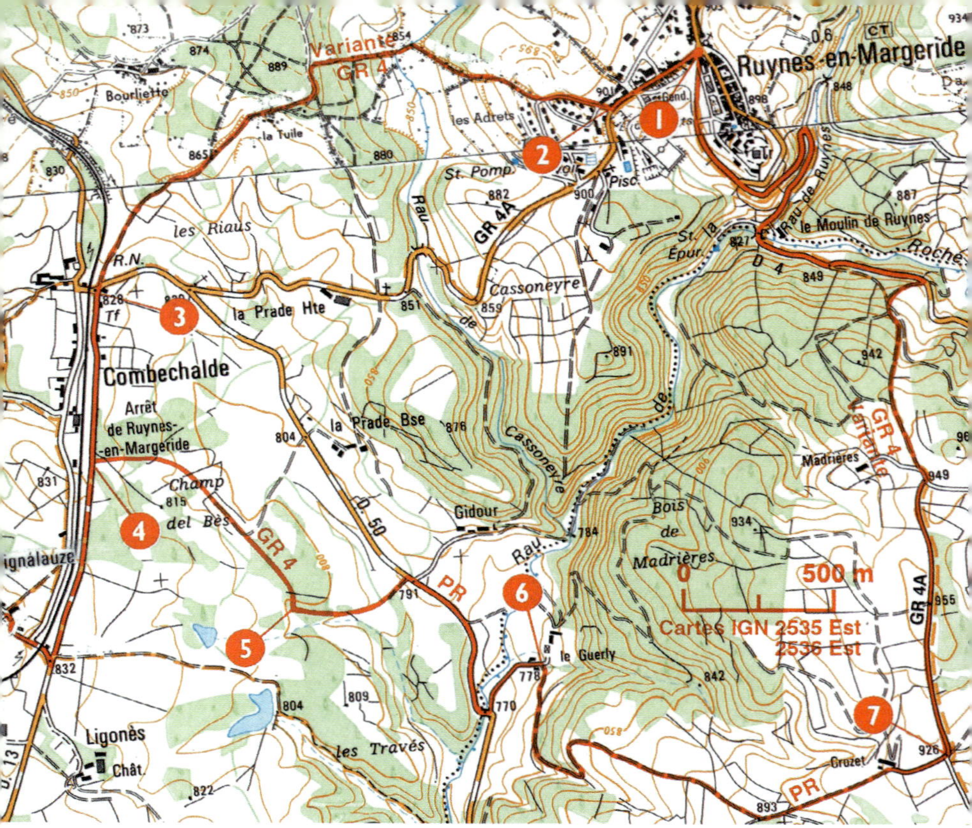

L'école de Clémence Fontille

Située dans le hameau de Signalauze, cette école est un des établissements de l'Ecomusée de la Margeride et date de la fin du siècle dernier.

Salle de classe d'antan. *Photo E. M.*

Clémence Fontille est une institutrice qui a profondément marqué ses élèves dans les années 30, au temps de l'encre violette, des ardoises et des blouses grises.

Cette école, qui avait une classe unique pour des garçons et des filles de cinq à quinze ans, a fermé ses portes en 1983 faute d'élèves. Elle est maintenant ouverte au public qui peut découvrir la salle de classe, le préau, le jardin de l'école et la cloche.

A l'étage, dans l'ancien appartement de l'institutrice, une exposition est consacrée au chemin des écoliers.

(visite au 04 71 23 42 96)

Le chemin des Ruisseaux

Fiche pratique **10**

3 h
11 Km

955m
770m

Situation Ruynes-en-Margeride, à 16 km à l'Est de Saint-Flour par l'A 75

Parking place de l'Eglise

Balisage

1 à 5 blanc-rouge
5 à 7 jaune
7 à 1 blanc-rouge

Ne pas oublier

La loi Jules Ferry, créant l'obligation scolaire, impose aux enfants un long chemin journalier. La balade d'aujourd'hui évoque ce passé.

Framboise.
Dessin N. L.

1 De l'église de Ruynes, prendre la D 13 au Sud-Ouest et rejoindre l'entrée du terrain de camping.

2 Juste après, bifurquer à droite et traverser le lotissement. Au bout, emprunter en face le sentier qui descend. Franchir le ruisseau et remonter en face. Prendre le chemin à gauche sur quelques mètres, puis partir à droite et déboucher sur la D 13.

3 Laisser le passage à niveau à droite et suivre la D 13 tout droit au Sud, sur 600 m.

► Accès à l'école de Clémence Fontille : continuer jusqu'au passage à niveau suivant. Le franchir et gagner en face le hameau de Signalauze où se trouve l'école *(2 km aller-retour)*.

4 Prendre le chemin à gauche sur 1 km.

5 Tourner à gauche. Emprunter la D 48 à droite, franchir le pont, puis bifurquer à gauche vers Le Guerly.

6 A l'entrée du hameau, s'engager sur le chemin qui monte à droite. Sur le plateau, dépasser Crozet et aboutir à un carrefour routier.

7 Emprunter la route à gauche, puis continuer en face sur le sentier au Nord. Prendre la D 4 à gauche et retrouver Ruynes.

À voir

En chemin

- Ruynes-en-Margeride : écomusée de la Margeride
- Signalauze : école de Clémence Fontille (visite)

Dans la région

- viaduc de Garabit
- mont Mouchet : musée de la Résistance, monument national des Maquis
- Faverolles : château de Chassan, Compagnons du Buffadou (restaurant, produit du terroir)

Saint-Flour face à l'Anglais

En 1317, le château d'Alleuze n'est plus qu'un entrepôt pour la dîme et le cens de l'évêché de Clermont, faiblement gardé, mais il vient d'être pris par des pillards à la solde des Anglais. Les habitants de Saint-Flour et leurs consuls ne peuvent supporter des forteresses ennemies à proximité. Las de ce danger toujours renaissant, la foire du 2 juin 1405 passée, les habitants de Saint-Flour se dirigent vers Alleuze sous les ordres d'un lieutenant du bailli des montagnes, avec archers, arbalétriers et plus de 500 gens à pieds. Heureusement, l'essentiel des défenseurs sont partis piller quelques villages du Rouergue et le reste ne résiste pas. Quelques jours suffisent pour détruire le gros de la forteresse. Saint-Flour n'entendra plus parler des pillards d'Alleuze.

Château d'Alleuze. *Photo P. J.*

Le site d'Alleuze

Un des sites les plus romantiques d'Auvergne... Le château, jadis repère de Bernard de Garlan qui sema la terreur dans la région, se mire maintenant dans les eaux tranquilles de la retenue de Grandval.

Benoîte des ruisseaux.
Dessin N. L.

1 De la mairie d'Alleuze, dans le hameau de La Barge, rejoindre la chapelle et descendre par le sentier du Chemin-de-Croix jusqu'à la statue de la Vierge située en bas.

2 Descendre à gauche, franchir le ruisseau et remonter de l'autre côté vers le plateau à travers genêts et bois. Suivre le chemin d'exploitation à droite et continuer à droite jusqu'à Languiroux.

3 Traverser le Sud du hameau. Couper le chemin empierré et prendre en face la piste qui mène à Barry.

4 Emprunter la D 48 à gauche sur 300 m.

5 S'engager sur le chemin à droite. Bientôt sablonneux, il se dirige vers le Nord.

6 Au carrefour, suivre la piste au Sud-Ouest sur 2 km et gagner le centre de Surgit. S'engager sur le chemin qui va vers le Sud-Ouest, puis le Sud en traversant un bois de hêtres.

7 A la sortie du bois, prendre à gauche le chemin bordé de chênes qui rejoint La Barge.

Fiche pratique 11

3 h
10 Km

990m
752m

Situation Alleuze, à 14 km au Sud de Saint-Flour par la D 40

Parking mairie (hameau de La Barge)

Balisage

1 à 2 jaune
2 à 6 jaune-rouge
6 à 1 jaune

Ne pas oublier

À voir

En chemin

■ Alleuze : vieille église 13e (ouverte en juillet et août) ■ site du château ■ vue sur la retenue de Grandval

Dans la région

■ viaduc de Garabit ■ barrage et lac de Grandval ■ Faverolles : château de Chassan, Compagnons du Buffadou (hôtel-restaurant, produit du terroir)

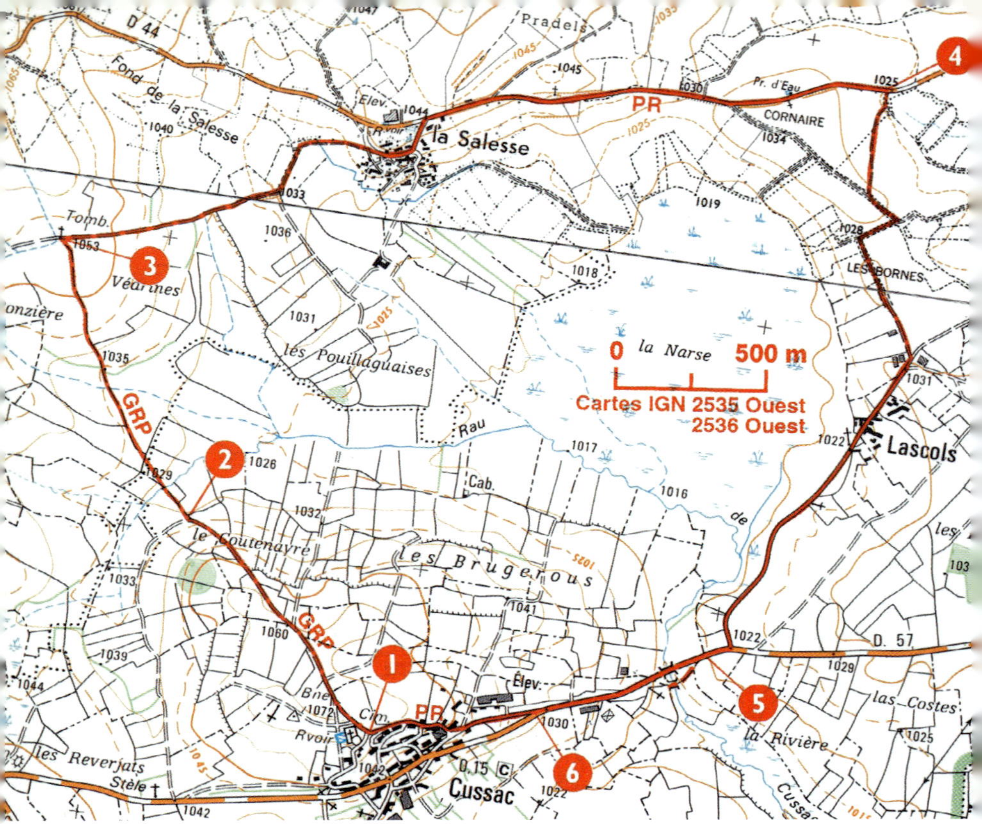

La Narse de Lascols

Ce marais, dit Narse, est classé Espace naturel sensible (E.N.S) et constitue une tourbière d'une grande richesse faunique et florale.
Il se compose de deux parties essentielles :
- la première correspond à la zone inondée au printemps sur 1 m au maximum. L'été la végétation étouffe totalement l'eau réduite à 50 cm environ.
- la deuxième partie comprend toute la lande située vers Cussac, ponctuée de nombreuses mares.

Lascols constitue ainsi un régulateur hydrologique important, mais également un réservoir biologique de qualité où se développe une vie intense, ainsi qu'une zone de transit unique dans tout le Massif Central, pour une foule d'oiseaux aquatiques que l'on peut voir par milliers au mois d'avril.

J.S. Salasse

Courlis cendré.
Dessin D. B.

La narse de Lascols

Fiche pratique 12

2h40
8 Km

1060m
1022m

Situation Cussac, à 20 km au Sud-Ouest de Saint-Flour par les D 921 et D 57

Parking
église

Balisage
1 à 3 jaune-rouge
3 à 1 jaune

Ne pas oublier

La narse est une dépression marécageuse, provoquée par le barrage d'une coulée basaltique, et riche d'un équilibre écologique et biologique de grand intérêt.

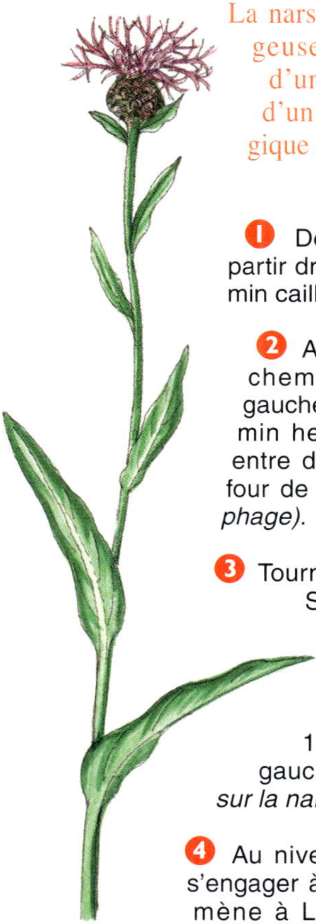

Centaurée.
Dessin N. L.

1 De l'église, qui domine la narse, partir droit au Nord-Ouest par un chemin caillouteux.

2 Au fond du vallon, quitter le chemin qui effectue un virage à gauche, pour suivre en face un chemin herbeux. Au bout, il se faufile entre des murets et atteint le carrefour de la Tombe-de-la-Dame *(sarcophage).*

3 Tourner à droite pour rejoindre La Salesse *(vue sur la Margeride et l'église de Cussac).* Traverser le village et déboucher sur la D 44. L'emprunter à droite sur 1,5 km en laissant une croix à gauche et une croix à droite *(vue sur la narse).*

4 Au niveau d'une rangée de frênes, s'engager à droite sur le bon chemin qui mène à Lascols *(vues sur la narse, Tanavelle, Paulhac et le puy de Mercou).* Poursuivre jusqu'au croisement avec la D 57. La prendre à droite.

► Avant le pont sur le ruisseau de Cussac, on peut s'engager sur le chemin à gauche pour accéder au vieux pont de pierre.

5 Franchir le pont de la route et continuer par la D 57 jusqu'à Cussac.

6 Aller à droite. A la fourche, à l'entrée du village, prendre la rue qui monte en face pour retrouver l'église.

À voir

En chemin

- Cussac : église, four à pain
- sarcophage
- Lascols : four à pain, flore et faune de la narse
- ponts de pierre anciens

Dans la région

- Bélinay : ferme-auberge col de Prat-de-Bouc (au pied du Plomb du Cantal) site et château d'Alleuze 13e

Index des noms de lieux

3e édition : mai 2007

ISBN 978-2-7514-0199-2 © IGN 2007
Dépôt légal : mai 2007
Compogravure : MCP, Saran
Achevé d'imprimer en France par Oberthur Graphique, Rennes